JN012698

FP教本

法人税・消費税

目　次 contents

第１章　法人税とは

第２章　法人税

第１節　財務諸表とは

第6節 損金

第7節 同族会社の特別規定

第3章　法人住民税と法人事業税

第4章　消費税

第1節　課税の対象と納税義務者

第2節　納付税額

第5章　会社、役員間および会社間の税務

第1節　会社設立（法人成り）

第2節　会社と役員間の取引と税務

第3節　グループ会社間の取引と税務

第1章

法人税とは

　法人に課せられる法人税は、所得税と同様に所得金額（利益）に対して課せられる税金だが、法人税では、法人のその事業年度の所得を、益金の額から損金の額を控除して、所得の種類に区分することなくすべて一括して計算する。また、所得税と異なり、所得控除はなく、その税率は、原則として所得金額に一定の割合を乗ずる比例税率となっている。

　なお、個人事業主は、自分自身に支払った給料を事業所得の必要経費に算入することはできないが、法人とその役員は別個の納税義務者であり、法人がその役員に支払った役員給与、役員退職給与は原則として法人の損金となる。役員側では、受け取った役員給与、役員退職給与は所得税（復興特別所得税を含む）・住民税の課税対象になる。

　法人は、その法人の定款に定められた事業年度（通常は任意に決められた1年間）を計算期間として所得金額を計算し、法人税は、原則として事業年度終了の日の翌日から**2カ月以内**に確定申告をして、納付することになっている。

1 納税義務者

　法人税は会社等の組織で事業を行う場合にその所得に対して課せられる国税である。

　法人には以下のとおりさまざまな種類があり、それぞれによって〔図表1-1〕のとおり、法人税の取扱いが異なっている。

（1）内国法人と外国法人

　内国法人とは、日本国内に本店または主たる事務所を有する法人をいい、外国法人とは、内国法人以外の法人をいう。

〔図表1-1〕法人税の納税義務の範囲

法人の種類		各事業年度の所得
内国法人	公共法人	納税義務なし
	公益法人等	収益事業から生じた所得に課税
	協同組合等	すべての所得に課税
	人格のない社団等	収益事業から生じた所得に課税
	普通法人	すべての所得に課税
外国法人	公共法人	納税義務なし
	公益法人等	収益事業から生じた国内源泉所得に課税
	人格のない社団等	収益事業から生じた国内源泉所得に課税
	普通法人	国内源泉所得に課税

(2) 法人の種類

① **普通法人**とは、営利法人（株式会社、特例有限会社、合同会社、医療法人、企業組合等）をいい、民間企業、第2セクター、私企業ともいう。

② **公共法人**とは、地方公共団体、日本放送協会、日本政策金融公庫等をいう。公共目的を遂行するものであるから、営利性を目的としない。

③ **公益法人等**とは、法人税法2条6号に掲げる法人をいい、公益社団法人、公益財団法人、宗教法人、学校法人、社会福祉法人、健康保険組合等をいう。

注 社団法人・財団法人は、公益法人等に該当する「公益社団法人・公益財団法人」と、非営利型法人に該当する「一般社団法人・一般財団法人」とに分けられ、各々の法人税課税の取扱いは、収益事業から生じた所得に対して法人税が課される。なお、「一般社団法人・一般財団法人」のうち、非営利型法人に該当しない場合は、法人税法上、普通法人と同様にすべての所得に対して法人税が課される。

④ **人格のない社団等**とは、同窓会、PTA、協会等人格のない社団または財団で代表者または管理人の定めがあるものをいう。

2 事業年度

(1) 事業年度の設定

　法人税の中心は、各事業年度の所得に対する課税である。事業年度は法令または定款に定めがある場合は、その会計期間が該当する。一般的には、4月1日から翌年3月31日といった任意の1年間となる。

　法人税の申告書の提出は事業年度終了の日の翌日から原則2カ月以内となるため、業種によって、なるべく業務が少ない月に申告期限が到来するように事業年度を設定することが多い。また、事業年度は月末でなければならないということはなく、売掛、買掛等の請求の関係で、たとえば「4月21日から翌年4月20日」などとしてもよい。

　なお、会社を設立した初年度は設立の日から決算の日までが1事業年度となる。

　会計期間の変更は定款の変更事項であるが、商業登記の変更は必要なく、定款等の写しと変更届を税務署等に提出すればよい。

(2) 事業年度を変更した場合

　事業年度を変更した場合、たとえば以下のものについては、月数按分となる。

① 軽減税率の対象となる所得金額800万円以下
② 交際費の損金算入限度額の計算における800万円
③ 寄附金の損金算入限度額計算
④ 減価償却費
⑤ 地方税の均等割
⑥ 消費税の基準期間における課税売上高　など

　たとえば、資本金1,000万円の会社が4月1日から翌年3月31日だった事業年度を、10月1日から翌年9月30日までに変更すれば、変更後最初の会計期間は6カ月となる。このため、800万円までの軽減税率は400万円まで、交際費等の損金算入限度額の計算における800万円は400万円まで、減価償却費は通常の12分の6などとして扱われる。

❸ 納税地

　原則として、その法人の本店または主たる事務所の所在地が納税地となる。申告、各種届出書の提出などは、納税地の所轄税務署に対して行う。納税地に異動があった場合は、異動後すみやかに、異動届出書を**異動前**の納税地の所轄税務署長に提出することとされている。

　なお、外国法人については、国内に支店等の恒久的施設を所有する外国法人はその支店等の所在地、国内にある不動産の貸付等による対価を受ける外国法人はその資産の所在地となる。

第 2 章

法人税

第1節

財務諸表とは

❶ 企業と財務諸表

「企業」を定義してみると、もうけを追求する経済単位といえる。その企業には、経営者と従業員がいる。しかし、企業は経営者と従業員のみで成り立っているわけではない。

たとえば、株主は、決算書によりその企業の収益性や配当の支払能力、さらには成長性等をみることによって株式を持ち続けるのか、売却するのか、買増しをするのかを判断する。

金融機関等の債権者は、債務の支払能力があるかどうか、支払能力が悪化していないかどうかなどを知るために決算書を利用する。

課税当局は、課税する金額がいくらになるのかについて、決算書を利用してその金額の妥当性を判断する。特に利益を隠していると思われる企業に対しては、税務調査を行い、決算書の信憑性の点検を行う。

従業員は、賃金が企業の業績に見合って支払われているかを知るうえで決算書を利用し、消費者は、価格が不当につり上げられていないかを知るために決算書をみる。

このように、企業には経営者や従業員以外に取引先、投資家、銀行、税務署や監督官庁などのさまざまな関係者がいて、企業の動向に関心を持っている。このような関係者を「利害関係者」といい、この利害関係者に企業の状況を知らせるための手段が決算書、すなわち「財務諸表（計算書類等）」である。

❷ 財務諸表とは

財務諸表（計算書類等）は、企業の活動の成果を知らせるための手段だが、最終的に残った現金が企業のもうけだとすると、企業のもうけは企業の活動がすべて終了しないとわ

からないことになる。しかし、企業は半永久的に存続するため、企業の活動がすべて終了した時点でその活動の成果を知らせることは、ほぼ不可能であると考えられる。そこで、企業の活動を一定期間に区分して、その期間の成果を利害関係者に発表する必要が生じてくる。

財務諸表とは、企業の①**一定時点における財産等の状態**、②**一定期間における取引活動**を金額で表現したいくつかの表の集まりである。

①の最も一般的なものが「**貸借対照表**」である。貸借対照表はある時点の企業の状態、つまり、現金がいくら会社にあるか、銀行から借りているお金はいくらかといった財産等の状態を表す。

一方、②の最も一般的なものが「**損益計算書**」で、損益計算書は企業がある期間にいくらもうかったか、いくら損したかを表した表といえる。

❸ 貸借対照表

貸借対照表は、企業が保有している現金、商品等（企業の資産）および借入金等（企業の債務）を明らかにして、企業の一定時点（決算日）における資金の**調達源泉**（どこから資金を調達したか）と調達された資金の**運用形態**（何に資金を使っているか）を明らかにするものである。

貸借対照表の構造を図解すると〔図表2－1〕のとおりになる。

〔図表2－1〕貸借対照表の構造

貸借対照表の右側は**資金の調達源泉**を示し、左側は調達した**資金の運用形態**を示す。企業が調達した資金のうち、銀行や取引先など企業の外部から調達したものを**負債**（あるいは**他人資本**）と呼ぶ。また、株主から調達した資金や利益の留保額を**純資産**（資本あるいは**自己資本**）と呼ぶ。一方、資金の運用形態を示している貸借対照表の左側の項目を**資産**

という。

　このように、貸借対照表は企業資金の調達源泉と運用形態とのつり合いの関係を示していることがわかる。このつり合いの関係を財政状態という。調達した資金以上には、資金を運用することはできない。したがって、「資金の運用金額＝資金の調達金額」となり、次の等式が成立する。この等式を**貸借対照表等式**という。

貸借対照表等式

　資産＝負債＋純資産

❹ 損益計算書

　損益計算書は、企業の一定期間の活動の内容とその成果である利益を明らかにする表で、具体的には、１年間の**収益**から**費用**を差し引いて**利益**を計算する。このことから損益計算書は、**経営成績**を表すといわれている。

〔図表２−２〕損益計算書の構造

　損益計算書の構造を図解すると〔図表２−２〕のとおりになる。

　収益が費用より大きければ、利益が上がり、元手（資本）が増えるため、**収益は純資産（資本）を増加させる要因**になる。したがって、収益は貸借対照表の純資産（資本）と同じ「右側」に表す。逆に費用が大きければ利益は少なくなるので、費用は**純資産（資本）を減少させる要因**になる。したがって、費用は貸借対照表の純資産（資本）と反対の「左側」に表す。

　また、損益計算書は１年間の収益から費用を差し引いて利益を計算するので、次の算式が成り立つ。

　収益−費用＝利益

この式を変形すると次のようになる。これを、**損益計算書等式**と呼ぶ。

損益計算書等式

費用＋利益＝収益

❺ 簿記一巡の手続

複式簿記による簿記一巡の手続を図示すると〔図表 2 － 3〕のようになる。

〔図表 2 － 3〕複式簿記の手続

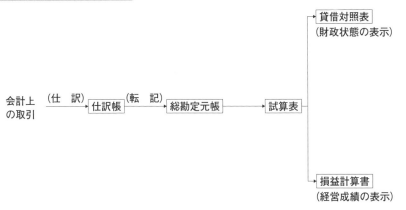

会計上の取引が行われると**仕訳帳**に**仕訳**の形で記録される。この「仕訳帳」は実務上は伝票で代用する場合が多くなっている。

仕訳帳上の仕訳は**総勘定元帳**に転記され、たとえば現金がいくらあるのか、売上がいくら上がったのかが計算される。

現金や売上などを**勘定科目**と呼ぶが、この勘定科目と金額を集め 1 つの表にしたものが**試算表**である。この試算表をもとにして**貸借対照表**と**損益計算書**が作成される。

❻ 会計上の取引とは

会計上の取引とは、**資産・負債・純資産（資本）および収益・費用**を増減させる活動や

現象をいい、日常会話でいう取引とはその範囲が異なっている。

つまり、貸借対照表や損益計算書に影響を与えるものが取引であり、これが記録の対象となる。

- ●地震で建物が損壊した　→　取引

地震で建物が損壊したケースについて、日常会話ではこれを取引ということはないと思うが、会計上は建物という資産の減少を取引として認識し、記録の対象とする。これとよく似た例としては、土地の贈与を受けた（ただでもらった）ときに日常会話では取引とはいわないが、会計上は土地という資産が増加するため、これも取引と呼んで記録の対象とする。

- ●建物の賃貸借契約を結んだ　→　取引に入らない

建物の賃貸借契約は、日常会話では取引と呼ぶが、会計上は建物が増加するわけでもなく、家賃もまだ発生していないため、取引とはいわない。敷金や保証金を支払ったり、家賃を支払って初めて会計上の取引となる。

ほかには商品を販売する契約を結んだ例が考えられる。契約の締結の段階ではまだ商品が出荷されたわけではないので、会計上の取引とはならない。商品が出荷された段階で初めて収益（売上）が生まれると考えられるため、取引として認識するタイミングが遅れることになる。

このように会計上の取引となるか否かは貸借対照表や損益計算書に影響を及ぼすか否かの観点から判断されるため、日常会話でいう取引の範囲とはズレがあることに注意する必要がある。

❼ 仕訳のルール

会計上の取引は、複式簿記に基づく「仕訳」の形で会計帳簿に記録される。この仕訳とは、取引を「借方」（左側）と「貸方」（右側）の要素に分解し記録する。

借方には借りるという意味はなく、貸方には貸すという意味はない。単に、左と右という意味しかない。

1つの取引は、すべてこの2つの側面からみることができる。たとえば、現金で商品を売り上げた場合は、現金が入ってきたという事実と、売上という収益が生じたという事実の2つの側面からみることができる。これを取引の二面性といい、複式簿記の前提になっている。

〔図表2－4〕取引の仕訳

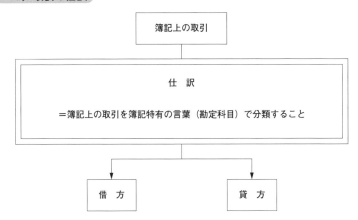

- 取引は、必ず2つの要素に分解できる
- 借方金額の合計と貸方金額の合計は必ず一致する

　資産・負債・純資産（資本）および収益・費用はそれぞれの財務諸表のなかで、左側か右側に記述される。この左側か右側の場所を定位置と考える。つまり、資産と費用は左側が定位置になり、負債・純資産（資本）および収益は右側が定位置になる。

　資産・負債・純資産（資本）および収益・費用が増加した場合はそれぞれの定位置に記入し、減少した場合はそれぞれの定位置とは左右逆の位置に記入することにしたのが仕訳である。

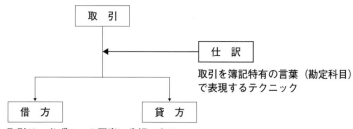

1つの取引を、2つの要素に分解する

取引は、必ず2つの要素に分解できる

　各要素が資産・負債・純資産（資本）および収益・費用のどの項目を増減させるか特定する

　各項目の定位置は以下のとおり

　各項目が増加する場合には定位置に、減少する場合は定位置とは逆の位置に記録する

　借方金額の合計と貸方金額の合計は必ず一致する（貸借平均の原理）

	借　方	貸　方
資　産	増　加（＋）	減　少（－）
負　債	減　少（－）	増　加（＋）
純資産（資本）	減　少（－）	増　加（＋）
収　益	減　少（－）	増　加（＋）
費　用	増　加（＋）	減　少（－）

（借方）〈貸借対照表〉（貸方）

| 資　産 | 負　債 |
| | 純資産（資本） |

（借方）〈損益計算書〉（貸方）

| 費　用 | 収　益 |
| 利　益 | |

❽ 仕訳から財務諸表の作成まで

　財務諸表は仕訳に基づいて作成される。Ａ社を例に貸借対照表と損益計算書はどのように して作成されるかを確める。

　取引は以下の6つである。

①	Ａさんは現金1,000万円を出資して、株式会社Ａ社を設立した
②	銀行から現金50万円を借り入れた
③	現金150万円を支払って商品を仕入れた
④	商品を200万円で売り上げて、現金を受け取った
⑤	家賃として現金10万円を支払った
⑥	給料として現金5万円を支払った

　それぞれの仕訳は次のようになる。

①	(借) 現　金	1,000万円	(貸) 資本金	1,000万円
②	(借) 現　金	50万円	(貸) 借入金	50万円
③	(借) 仕　入	150万円	(貸) 現　金	150万円
④	(借) 現　金	200万円	(貸) 売　上	200万円
⑤	(借) 家　賃	10万円	(貸) 現　金	10万円
⑥	(借) 給　料	5万円	(貸) 現　金	5万円

　まず、最初に現金の**総勘定元帳**（Ｔ字型）を作成する。

　①から⑥の仕訳のなかで、現金の部分だけを取り出し、左右はそのままにして縦に並べる。この仕訳から総勘定元帳へ書き写す作業を**転記**という。

現金

①	1,000万円	③	150万円
②	50万円	⑤	10万円
④	200万円	⑥	5万円

　この段階では、現金は借方の合計1,250万円、貸方の合計165万円になっている。両者の 差額（1,250万円−165万円＝1,085万円）を**残高**といい、残高を少ない側（この例では貸 方）に記入する（これを**勘定の締切**という）。

	現金		
①1,000万円		④150万円	
②50万円		⑤10万円	
③200万円		⑥ 5万円	
		残高	1,085万円
合計	1,250万円	合計	1,250万円

　つまり、残高1,085万円を貸方（少ない側）に記入することで貸借合計を1,250万円で合わせて締め切ることができた。残高1,085万円は貸方に記入されているが、借方が貸方よりも1,085万円多いという意味で**借方残高**といわれる（最終的に貸借対照表を作成すれば、1,085万円は資産の定位置である**借方**に記入されるため）。この残高に基づいて財務諸表が作成される。

　同様に、他の勘定の総勘定元帳を作成してみるが、損益計算書の科目の差額は**残高**ではなく、**損益**と記入して締め切る。この金額が損益計算書に表示される金額であるという意味である。

資本金				借入金			
残高	1,000万円	①	1,000万円	残高	50万円	②	50万円
合計	1,000万円	合計	1,000万円	合計	50万円	合計	50万円

仕　入				売　上			
③	150万円	損益	150万円	損益	200万円	④	200万円
合計	150万円	合計	150万円	合計	200万円	合計	200万円

家　賃				給　料			
⑤	10万円	損益	10万円	⑥	5万円	損益	5万円
合計	10万円	合計	10万円	合計	5万円	合計	5万円

　これらの各項目の左右の差額、すなわち残高を集約した一覧表が残高試算表である。この残高試算表の借方合計金額と貸方合計金額は貸借平均の原理によって一致する。一致しない場合は、仕訳、転記、集計の過程で記帳に誤りがあったことになる。最終的に、この残高試算表をもとにして貸借対照表と損益計算書が作成される。

残高試算表　　　　　　　　　　　（単位：万円）

資産 {	現　　金	1,085	借　入　金	50	} 負債
	仕　　入 (注)	150	資　本　金	1,000	} 純資産
費用 {	家　　賃	10	売　　上	200	} 収益
	給　　料	5			
	合　　計	1,250	合　　計	1,250	

第2章

貸借対照表		
	借入金	50万円
現　金　1,085万円	資本金	1,000万円
	利　益	35万円
合　計　1,085万円	合　計	1,085万円

損益計算書			
売上原価 (注)	150万円		
家　賃	10万円	売　上	200万円
給　料	5万円		
利　益	35万円		
合　計	200万円	合　計	200万円

（注）残高試算表の「仕入」は損益計算書では売れた商品の原価であることから、「売上原価」
　　　として表示する。

❾ 企業会計の目的

　企業会計は、その情報の提供先の相違により、財務会計と管理会計に分類される。財務
会計は外部報告目的会計、管理会計は内部報告目的会計であり、会計情報の提供先が外か
内かの違いがある。

〔図表2－5〕企業会計の分類

　　　　　　　　　┌── 財務会計（外部報告目的会計）…外部利害関係者のための会計
　企業会計 ──┤
　　　　　　　　　└── 管理会計（内部報告目的会計）…内部の経営者・管理者のための会計

　このうち財務会計は外部の利害関係者が理解しやすいように、一定のルールに基づいて
作成された財務諸表（計算書類等）によって会計情報を伝達する。この財務諸表の中心と
なるものが貸借対照表と損益計算書である。
・貸借対照表（Balance Sheet、略称 B/S）…ストックを表示
　貸借対照表は決算日現在における企業の**財政状態**（資金の調達源泉と運用形態）を表す。

• 損益計算書（Profit & Loss Statement、略称 P/L）…フローを表示

損益計算書は１会計期間における企業の**経営成績**（企業活動の成果）を表す。

❿ 制度会計

(1) 制度会計とは

財務会計のうち、会計法規に基づいて制度として行われる会計を**制度会計**といい、**会社法会計**と**金融商品取引法会計**がその２本柱になっている。また、制度会計にはこの２つ以外に税務会計がある。

〔図表２－６〕財務会計の分類

```
            ┌─── 制度会計（会社法会計・金融商品取引法会計・税務会計）
  財務会計 ─┤
            └─── 制度会計以外の会計（物価変動会計など）
```

財務会計のうち、制度会計以外のものとしては、**物価変動会計**や**環境会計**があげられるが、日本では制度化されていない。

(2) 会社法会計、金融商品取引法会計、税務会計の相互の関連

会社法会計、金融商品取引法会計、税務会計は相互に密接に結びついている。ある上場会社を例にとり、この３者の関係をみていく。

まず、会社法に基づき取締役（および会計参与）が財務諸表（計算書類等）を作成する。

この計算書類等は、取締役会設置会社の場合は株主総会の２週間前から、取締役会設置会社でない場合は株主総会の１週間前から会社の本店および支店に備え置かれ、株主と債権者はいつでもこの計算書類等をみることができる。

株主総会で最終的に承認された計算書類等（正確には、金融商品取引法の財務諸表）を財務大臣宛に報告したものが金融商品取引法に基づく有価証券報告書（略称：有報）である。財務大臣は、この有価証券報告書を一般に公開することで、株式に関する投資家の意思決定に有用な情報を提供し、資本市場の健全化に役立たせている。

一方、会社法の手続きにより確定した決算をもとに税務上の所得計算が行われる。基本的には利益はそのまま税務上の課税所得になるが、税務は課税の公平の観点から税務独自

の調整計算を行う。会社法により確定した決算をもとに課税所得を計算するため、これは確定決算主義と呼ばれている。

なお、会社法上確定した利益は、そのまま金融商品取引法でも同じ利益として利用される。

⑪ 会社法会計

(1) 目的

会社法上、会社とは「株式会社、合名会社、合資会社又は合同会社をいう」と定義されており、特にその中心となる株式会社は、株主が会社債権者に対して責任を負わない**株主有限責任制**を特色としている。つまり、株主は会社に出資をする責任のみを負い、それ以上の支払をする責任を負わない。したがって、会社が倒産しそうな場合であっても、債権者（お金を貸している銀行等）は、株主に対して直接支払を請求することはできず、現実に会社が倒産してしまえば債権が文字どおり貸倒れになってしまう。つまり、株主は債権者に対して、会社の債務を支払う必要はないわけである。

このように債権者は債権の回収にあたり、会社財産しか当てにできない立場にある。一方で利益の処分を行う権限は株主総会にあり、株主は自分達の利益のみを考えて多額の配当を決議する可能性がある。

そこで会社法は配当可能な利益の上限を定めることで、資金が社外に流出することを抑制し、会社財産として残すことで会社の財務的な基盤を安定させ、これを通じて債権者の保護を図っている。

(2) 利益の本質

会社法会計で計算された利益は株主に配当してもよい利益、すなわち**分配可能額（配当可能利益）**を意味する。この上限を定めることで、会社の財務的基盤を強固なものにし、これにより会社債権者の保護を図るのが会社法の目的であるからである。

(3) 対象

会社法は、すべての会社について適用される。

(4) 会計処理基準

会社法では、会社法および法務省令（会社計算規則）において、各種の会計処理規定に関する条文を設けている。すべての会社は、この規定を会計処理基準として会社法会計を行うことになる。

(5) 会計表示基準

会計処理は利益をどのようにして計算するかということだが、それとは別に、貸借対照表や損益計算書等の財務諸表をどのように表示するかという問題がある。会社法では、表示については、**法務省令（会社計算規則）**で規定している。

(6) 財務諸表（計算書類等）の種類

会社法会計における財務諸表としては、次のものがある（株式会社の場合）。
①貸借対照表
②損益計算書
③株主資本等変動計算書
④個別注記表
⑤事業報告
⑥附属明細書

会社法の施行に伴い、営業報告書は事業報告に名称が変わり、利益処分案・損失処理案はなくなり、新たに株主資本等変動計算書が加えられた。また、以前は貸借対照表や損益計算書に記載されていた注記事項は、新たに設けられた個別注記表に記載されている。

ちなみに、計算書類とは、貸借対照表、損益計算書、株主資本等変動計算書、個別注記表のことであり、計算書類等と「等」がつくと、さらに事業報告、附属明細書が含まれる。

⑫ 金融商品取引法会計

(1) 目的

金融商品取引法は 1 条でその目的を明らかにしている。

〈金融商品取引法 1 条〉

『この法律は、企業内容等の開示の制度を整備するとともに、金融商品取引業を行う者に関し必要な事項を定め、金融商品取引所の適切な運営を確保すること等により、有価証券の発行及び金融商品等の取引等を公正にし、有価証券の流通を円滑にするほか、資本市場の機能の十全な発揮による金融商品等の公正な価格形成等を図り、もつて国民経済の健全な発展及び投資者の保護に資することを目的とする。』

要約すると、有価証券の発行市場・流通市場の整備を通じて**投資家を保護**することが金融商品取引法の目的であるといえる。具体的には、適正な期間損益を投資家に伝達することによって、株式を売るのか、買うのか、持ち続けるのかといった意思決定を適切なものにさせるのがその目的といえる。

貸借対照表でいうと投資家は純資産の部に当たる。会社法でその保護の対象となっていた債権者が負債の部に当たるのと対照的である。

〔図表 2 − 7〕貸借対照表と会社法・金融商品取引法

(2) 利益の本質

金融商品取引法会計で計算された利益は、投資家の意思決定に役立つための利益、すなわち**適正な期間損益**である必要がある。投資家はこの利益を前年度と比較したり、あるいは 1 株あたり利益に直してから同業他社と比較したり、株価水準と比較することで、株式

を売却するか、購入するか、あるいはそのまま持ち続けるかを判断する。この意思決定が適切なものとなる環境を提供するのが金融商品取引法会計の役割である。

(3) 対象

金融商品取引法会計の適用対象は会社法会計とは異なり、**規模の大きい大会社**にしか適用されない。具体的には以下のような会社が、その適用対象となる。

① 5 億円以上の株式・社債の募集または売出しを行い、または行った会社
②金融商品取引所に株式を上場している会社
③店頭売買の登録銘柄株式の発行会社
④株主数が原則として500人以上の会社

(4) 会計処理基準

金融商品取引法では、そのなかで会計処理基準を規定しておらず、一般に公正妥当と認められる企業会計の基準に、その内容を一任しています。日本では具体的には、「**企業会計原則**」がこれに該当する。なお、会社法431条では、「一般に公正妥当と認められる企業会計の慣行に従うものとする」と規定しており、この企業会計の慣行は解釈上、企業会計原則を指していると解される。この規定を通じて会社法会計と金融商品取引法会計の実質的な一元化が図られている。

(5) 会計表示基準

金融商品取引法の財務諸表および連結財務諸表の表示基準としては、**財務諸表等規則**および連結財務諸表規則が設けられており、この規則に基づいて財務諸表の表示が行われている。

(6) 財務諸表の種類

金融商品取引法会計における財務諸表の種類としては、以下のものがある。
①貸借対照表
②損益計算書
③キャッシュフロー計算書
④株主資本等変動計算書
⑤附属明細表
なお、会社法会計での事業報告に当たるものは金融商品取引法会計にはない。

⓭ 企業会計原則

(1) 企業会計原則

　企業会計原則は、一般原則、損益計算書原則、貸借対照表原則、および注解から成り立っており、立体的構造を持っている。注解とは、主として本文の補足的説明や、本文の用語、定義の内容を明らかにするものである。

　一般原則のなかには、真実性の原則のほか、継続性の原則、保守主義の原則、正規の簿記の原則、明瞭性の原則、資本取引・損益取引区分の原則、単一性の原則がある。真実性の原則は、一般原則のなかで最上位原則としていちばん上位にあり、その下に他の 6 つの原則が並列的に並ぶ体系となっている。正規の簿記の原則は会計処理面での原則であり、明瞭性の原則は表示面での原則であるが、それぞれに重要性の原則（注解 1 ）がついている。

〔図表 2 − 8 〕企業会計原則の構造

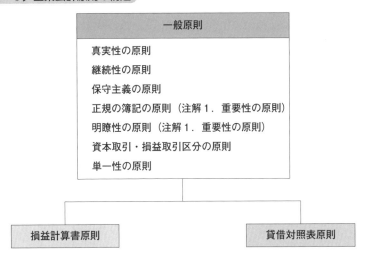

一般原則
真実性の原則
継続性の原則
保守主義の原則
正規の簿記の原則（注解 1 ．重要性の原則）
明瞭性の原則（注解 1 ．重要性の原則）
資本取引・損益取引区分の原則
単一性の原則

損益計算書原則　　　　　貸借対照表原則

　7 つの一般原則を順番にみていく。

（2）真実性の原則

> 企業会計は、企業の財政状態および経営成績に関して、真実な報告を提供するものでなければならない。

　真実性の原則で要請している真実とは、相対的真実であるといわれている。つまり、真実な利益は複数あり、そのいずれもを妥当なものとして扱おうというものである。

　財務諸表は「記録と慣習と判断の総合表現」であり、慣習がいかに客観性の強いものであっても、最後の判断が入る以上、そこで計算される利益は主観的なものにならざるをえない。

　たとえば商品を2回に分けてそれぞれ100円と120円で1つずつ仕入れ、そのうち1個を140円で売ったとした簡単な設例でも、考え方によって利益は3通りでてくる。

　初めに仕入れた100円の商品を売却したとすると売上原価は100円であり、売上140円との差額の40円が利益となる。2回目に仕入れた120円の商品を売却したとすると売上原価は120円であり、売上140円との差額の20円が利益となる。もう1つの考え方は仕入れた商品の平均仕入単価を計算してそれを売上原価とする方法で、商品の2回分の仕入合計220円を2で割った110円が売上原価になる。したがって、この場合には売上140円との差額30円が利益になる。

　企業会計原則では、このいずれもが真実の利益である（以上の方法は、順番に先入先出法、後入先出法、平均原価法）。

（3）継続性の原則

> 企業会計は、その処理の原則および手続を毎期継続して適用し、みだりにこれを変更してはならない。

　真実性の原則の真実は、会計処理の方法を毎期継続して適用することで確保することができる。もし会計処理方法を自由に変更できるのであれば、利益操作を自由に行うことができ、利益を前期と比較して業績のよしあしを判断することが不可能になる。継続性の原則は、**経営者の利益操作を排除し**、**財務諸表の期間比較**を可能にするために必要とされている。

（4）保守主義の原則

企業の財政に不利な影響を及ぼす可能性がある場合には、これに備えて適当に健全な会計処理をしなければならない。

この原則は、安全性の原則あるいは慎重性の原則ともいわれる。

（5）正規の簿記の原則

企業会計は、すべての取引につき、正規の簿記の原則にしたがって、正確な会計帳簿を作成しなければならない。

　正規の簿記の原則は、会計処理面の原則である。すべての取引を処理することにより、帳簿に載らない資産や負債、すなわち簿外資産や簿外負債を排除することができる。

　ただし、これには例外がある。それは、簿外資産・簿外負債の重要性が乏しい場合である。具体的には、貯蔵品、経過勘定項目（前払費用など）、引当金等について、重要性が乏しい場合には、簿外資産・簿外負債として貸借対照表に記載しないことができる（注解1．重要性の原則）。

（6）明瞭性の原則

企業会計は、財務諸表によって、利害関係者に対し必要な会計事実を明瞭に表示し、企業の状況に関する判断を誤らせないようにしなければならない。

　明瞭性の原則は表示面の原則であり、利害関係者にとってわかりやすい、分析しやすい財務諸表を提供することを要請するものである。

　会計処理面の原則である正規の簿記の原則と同様の考え方で、例外として重要性の乏しいものについては簡便な表示によることが認められている（注解1．重要性の原則）。

（7）資本取引・損益取引区分の原則

資本取引と損益取引とを明瞭に区別し、特に資本剰余金と利益剰余金とを混同してはならない。

　資本取引・損益取引区分の原則は「元手」と「もうけ」の区分を求める原則である。

(8) 単一性の原則

> 株主総会提出のため、信用目的のため、租税目的のため等種々の目的のために異なる形式の財務諸表を作成する必要がある場合、それらの内容は、信頼しうる会計記録に基づいて作成されたものであって、政策の考慮のために事実の真実な表示をゆがめてはならない。

この単一性の原則は、財務諸表は形式的にはさまざまなものであっても、実質的には単一、すなわち利益の金額は同じであることを要請するものである。

(9) 重要性の原則（注解1）

> 企業会計は、定められた会計処理の方法に従って正確な計算を行うべきものであるが、企業会計が目的とするところは、企業の財務内容を明らかにし、企業の状況に関する利害関係者の判断を誤らせないようにすることにあるから、重要性の乏しいものについては、本来の厳密な会計処理によらないで他の簡便な方法によることも、正規の簿記の原則に従った処理として認められる。
> 重要性の原則は、財務諸表の表示に関しても適用される。

重要性の原則は、会計処理面（正規の簿記の原則）および表示面（明瞭性の原則）の両方に適用される。重要性の原則は、重要性の高いものについては、厳密な会計処理や明瞭な表示を求める一方、重要性の乏しいものについては、簡便な会計処理や表示によることを容認する原則である。

⓮ 連結財務諸表制度

(1) 連結会計の必要性

たとえば、ある会社の半導体部門が赤字であったとする。この部門の赤字さえなければ会社全体の損益はトントンだが、この部門の赤字が非常に大きい状態であるとする。経営者はこの部門を子会社にして独立採算を徹底し、本体に影響を与えないようにした。これにより、本体は損益がトントンで表示されるようになったが、半導体子会社のほうはあいかわらず業績が低迷したままである。こういった企業グループをみる場合、本体だけに着

目していると与信判断を見誤ってしまう。

　このように、企業が自社の部門の一部を子会社としたり、あるいは株式取得により、他の会社を支配するようになったとき、その企業単体の決算書だけでは、実態を把握することが困難になる。そこで、親会社および子会社から成る**企業集団を単一の組織体とみなして、企業集団全体の財政状態や経営成績およびキャッシュフローの状況を開示**する制度が実施されている。これが連結会計であり、そこで作成されるのが連結財務諸表である。連結財務諸表は、金融商品取引法会計で制度化されている。従来は個別財務諸表が主で連結財務諸表が従の関係にあったが、2000年3月期決算以降は、主従の関係が逆転している。

　なお、会社法会計でも2004年4月期決算以降は有価証券報告書を提出している大会社に対し、連結計算書類の作成が義務づけられている。

(2) 連結の範囲

　連結の範囲決定の基準には、**持株比率基準**と**支配力基準**がある。
- **持株比率基準**……ある会社が他の会社の議決権の過半数を直接・間接（孫会社を含む）に所有しているとき、他の会社を子会社として連結の範囲に含める方法
- **支配力基準**……実質的な支配力の有無に基づき、子会社の判定を行う方法

　持株比率は支配力判定の1つの要素にすぎない。支配力基準では、議決権の過半数を所有していなくても、株主総会や取締役会における決議を支配できる状況や契約等が継続的に存在している場合には、子会社として連結の範囲に含まれる。

　日本では従来、持株比率基準によっていたが、国際的な基準は支配力基準であるため、2000年3月期決算からは支配力基準へ移行している。

(3) 連結財務諸表の作成

　連結財務諸表は連結会社の個別財務諸表をいったんすべて**合算**し、投資と資本や内部取引などを**消去**することによって作成する。具体的には次のような作成手続になる。
①個別財務諸表の単純合算
②親会社の投資勘定と子会社の資本勘定の相殺消去
③連結会社相互間の債権債務の相殺消去
④連結会社相互間の内部取引の相殺消去
⑤連結会社相互間の取引において発生した未実現利益の相殺消去

〔図表2-9〕連結財務諸表の作成手続

(4) 連結財務諸表の計算体系

連結財務諸表の計算体系を示すと、〔図表2-10〕のようになっている。

〔図表2-10〕連結財務諸表

　まず、連結損益計算書上で**当期純利益金額**が算定され、それが連結株主資本等変動計算書の（利益剰余金の）当期増加として計上される。

　連結株主資本等変動計算書は、連結貸借対照表の純資産の増減を表す。**純資産とは、連結上の資産と負債の差額をいう**。連結株主資本等変動計算書は、当期純利益金額等による純資産の増加と、剰余金の配当等による減少を表示することで、**当期末純資産残高**を表示する。連結株主資本等変動計算書で求められた当期末純資産残高は、連結貸借対照表上の純資産残高と一致する。

　なお、連結キャッシュフロー計算書および連結包括利益計算書は上記の計算体系とは別に作成され、連結上の資金の増減や包括利益を明らかにする。

　※　包括利益計算書とは、従来の損益計算書の収益・費用に加え、資産・負債の増減差額をも表示するもので、2011年3月期から金融商品取引法会計による連結財務諸表において、その開示が求められるようになった。金融商品取引法会計においても、個別

財務諸表についての開示は求められておらず、また会社法では連結および個別財務諸表ともに開示は求められていない。

　また、連結包括利益計算書は、単独表示、あるいは連結損益および包括利益計算書として従来の連結損益計算書と一本化して表示することも認められている。

　（連結）包括利益とは、当期純利益（親会社株主に帰属する当期純利益および非支配株主に帰属する当期純利益）およびその他の包括利益で構成されており、従来の損益計算書にその他の包括利益の項目が加わっているものと理解することができる。

　その他の包括利益とは、従来評価・換算差額等とされていた項目（その他有価証券評価差額金、繰延ヘッジ損益、為替換算調整勘定等）の当期における増減が該当する。

(5) 連結財務諸表のポイント

① 連結固有の勘定科目を理解する

ａ．のれん

貸借対照表の資産または負債に表示される。資産に計上される場合が多いが、**実体のない資産**である点に注意が必要である。

ｂ．非支配株主持分

子会社の純資産の部のうち、親会社以外の株主に帰属する部分で、連結貸借対照表の**純資産の部の末尾に表示**される。自己資本比率を算定するときには、外部株主として資本に含められない点に注意が必要である。

〈連結貸借対照表〉

```
Ⅰ   株主資本
   1   資本金
   2   新株式申込証拠金
   3   資本剰余金
   4   利益剰余金
   5   自己株式
   6   自己株式申込証拠金
                        株主資本合計
Ⅱ   その他の包括利益累計額
   1   その他有価証券評価差額金
   2   繰越ヘッジ損益
   3   土地再評価差額金
   4   為替換算調整勘定
            その他の包括利益累計額合計
Ⅲ   新株予約権
Ⅳ   非支配株主持分
                        純資産合計
```

ｃ．非支配株主に帰属する当期純利益

以前は、少数株主損益として損益計算書の費用または収益として計上されていたが、現在は、連結損益計算書の当期純利益（または当期純損失）の内訳項目として「非支配株主に帰属する当期純利益（または当期純損失）」として表示されている。

②　連単倍率をみる

連結と親会社単独の決算書の数値の比率を連単倍率という。

たとえば、当期純利益金額の連単倍率が1倍を下回っていれば、子会社全体で赤字であるか、のれんの償却負担が非常に大きいことがわかる。また、逆に数十倍に達しているなら、親会社が持株会社化していることが推測される。

第2節 貸借対照表、損益計算書、キャッシュ・フロー計算書

① 全体の構造

貸借対照表は、大きく資産・負債・純資産の３つに分けられる。

〔図表２−11〕貸借対照表の構造

貸借対照表

資金の運用形態			資金の調達源泉	
資産	流動資産	当座資産 棚卸資産 その他の流動資産	負債（他人資本）	流動負債
				固定負債
	固定資産	有形固定資産 無形固定資産 投資その他の資産	純資産（自己資本）	株主資本
	繰延資産			評価・換算差額等 株式引受権 新株予約権

　資産とは収益獲得に貢献する能力を意味するが、具体的には企業の有する財貨や権利などを意味する。

　一方、負債とは将来一定の金額を支払わねばならない義務のことであり、債務とほぼ同じである。

　この資産・負債はともに流動と固定の分類表示がなされ、資産はさらに繰延資産の部が設けられる場合がある。

　流動とは短期、固定とは長期という意味で、流動資産とは短期的に現金化または消費する資産、固定資産とは長期間かけて徐々に現金化または消費する資産という意味である。

また、繰延資産も長期間かけて徐々に現金化する資産であるが、すでに発生ずみの費用であるという特質から、別区分を設けて表示している。

　純資産は資産と負債の差額で、内容的には、株主資本（元手と利益）と評価・換算差額等、新株予約権などから成っている。

　負債と純資産について、それぞれ**他人資本**と**自己資本**ということがある。他人から調達してきた元手と、自分で調達してきた元手という意味である。また、純資産とは資産から負債を差し引いたものであるという意味で、「1株当たり純資産（BPS：Book-value Per Share）」とは、この純資産を発行済株式数で割ることで求められる。

　最終的には、貸借対照表は資金の調達源泉（負債・純資産）と資金の運用形態（資産）を表すことにより、企業の財政状態を表すのが目的である。

❷ 資産・負債の流動・固定分類

(1) 正常営業循環基準

　①商品をツケで仕入れたときには、資産としての商品と負債としての買掛金が発生する。②商品は売上によって売掛金となり、③売掛金がいったん受取手形で回収され、④最終的には受取手形の期日入金により現金になる。なお、売掛金や受取手形は省略される場合もある。たとえば、スーパーなどの小売りでは、商品が売上により即現金にかわる。一方、⑤買掛金は支払手形で決済され、⑥支払手形の期日支払により現金（正確には預金）で決済が行われる〔図表2－12〕。なお、買掛金や支払手形は省略される場合もある。

〔図表 2 −12〕 営業循環の流れ

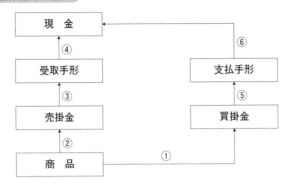

　この商品の仕入れ・売上の一連の流れ①～⑥を営業循環といい、この営業循環の流れに含まれている項目すべてを**流動項目（流動資産または流動負債）**として扱うのが正常営業循環基準である。この基準では、現金、受取手形、売掛金、商品、支払手形、買掛金はすべて流動項目になる。

　これにより、たとえば満期日が 2 年後の受取手形や在庫の底だまりである恒常在庫品でも流動資産となる。

(2) 1 年基準（ワン・イヤー・ルール）

　営業循環の流れに含まれない資産・負債については、**決算日の翌日から 1 年以内に現金化されるか否か**によって流動・固定の分類を行う。たとえば、不渡手形は正常な営業循環を外れたものとして、この 1 年基準の適用を受け、多くの場合固定資産に表示される。また、固定資産を売却することによって得た受取手形は、そもそも商品を仕入れて売るという営業循環に含まれていないため、はじめから 1 年基準の適用を受ける。また、貸付金や借入金、厳密には預金も同様に 1 年基準によって長短が区分される。

〔図表2－13〕 1年基準による区分

たとえば、償還期限が7年の社債を発行した場合、この社債を発行したときは、償還が7年後のため、固定負債に表示する。しかし、発行後6年経過した時には、あと1年で償還する予定になっている。この時点では1年以内償還予定社債として流動負債に表示されることになる。

なお、経過勘定項目（前払費用、未払費用、未収収益、前受収益の4つ）では前払費用についてのみ1年基準が適用され、他の3つはすべて流動項目とされる。

❸ 貸借対照表の様式

貸借対照表の様式には、勘定式と報告式がある。勘定式は借方・貸方のある様式で、報告式は上から下への書き下ろし様式になる。

〔図表2−14〕 貸借対照表の様式（会社計算規則に基づく）

貸借対照表
（勘定式）
×年3月31日現在

資産の部		負債および純資産の部	
流動資産	750	流動負債	520
現 金 ・ 預 金	100	支 払 手 形	150
受 取 手 形	150	買 掛 金	200
売 掛 金	300	短 期 借 入 金	100
商 品	200	預 り 金	10
固定資産	1,470	未 払 法 人 税 等	60
有形固定資産	1,230	固定負債	750
建 物	150	長 期 借 入 金	680
車 両	50	退 職 給 付 引 当 金	70
什 器 備 品	30	負債合計	1,270
土 地	1,000	株主資本	
無形固定資産	120	資 本 金	830
借 地 権	40	資 本 剰 余 金	50
営 業 権	80	資 本 準 備 金	30
投資その他の資産	120	その他資本剰余金	20
投 資 有 価 証 券	70	利 益 剰 余 金	100
関 係 会 社 株 式	50	利 益 準 備 金	10
		その他利益剰余金	90
		繰越利益剰余金	90
		自 己 株 式	△20
		評価・換算差額等	20
繰延資産	30	純資産合計	980
資産合計	2,250	負債・純資産合計	2,250

第2章

貸 借 対 照 表
（報告式）
×年3月31日現在

〈資産の部〉
⑴ 流 動 資 産
　現 金 ・ 預 金　　　　　　　100
　受 取 手 形　　　　　　　150
　売 掛 金　　　　　　　300
　商 品　　　　　　　200
　流 動 資 産 合 計　　　　　　　　　　　750
⑵ 固 定 資 産
　有 形 固 定 資 産
　建 物　　　　　　　150
　車 両　　　　　　　50
　什 器 備 品　　　　　　　30
　土 地　　　　　　　1,000
　無 形 固 定 資 産
　借 地 権　　　　　　　40
　営 業 権　　　　　　　80
　投資その他の資産
　投 資 有 価 証 券　　　　　　　70
　関 係 会 社 株 式　　　　　　　50
　固 定 資 産 合 計　　　　　　　　　　　1,470
⑶ 繰 延 資 産　　　　　　　　　　　30
　資 産 合 計　　　　　　　　　　　2,250
〈負債の部〉
⑴ 流 動 負 債
　支 払 手 形　　　　　　　150
　買 掛 金　　　　　　　200
　短 期 借 入 金　　　　　　　100
　預 り 金　　　　　　　10
　未 払 法 人 税 等　　　　　　　60
　流 動 負 債 合 計　　　　　　　　　　　520
⑵ 固 定 負 債
　長 期 借 入 金　　　　　　　680
　退 職 給 付 引 当 金　　　　　　　70
　固 定 負 債 合 計　　　　　　　　　　　750
　負 債 合 計　　　　　　　　　　　1,270
〈純資産の部〉
⑴ 資 本 金　　　　　　　　　　　830
⑵ 資 本 剰 余 金
　資 本 準 備 金　　　　　　　30
　その他資本剰余金　　　　　　　20
　資 本 剰 余 金 合 計　　　　　　　　　　　50
⑶ 利 益 剰 余 金
　利 益 準 備 金　　　　　　　10
　その他利益剰余金
　繰 越 利 益 剰 余 金　　　　　　　90
　利 益 剰 余 金 合 計　　　　　　　　　　　100
⑷ 自 己 株 式　　　　　　　　　　　△20
⑸ 評 価 ・ 換 算 差 額 等　　　　　　　　　　　20
　純 資 産 合 計　　　　　　　　　　　980
　負債・純資産合計　　　　　　　　　　　2,250

④ 貸借対照表の配列

貸借対照表の科目の配列方法には資産ならびに負債の流動・固定分類に基づいて、流動性配列法と固定性配列法がある。

流動性配列法とは、流動性の高い項目から順に配列する方法であり、借方は、流動資産、固定資産、繰延資産の順に、また貸方は、流動負債、固定負債、純資産の順に配列する。また流動資産のうちでも、現金・預金、受取手形、売掛金と換金性の高い順に、流動負債のなかでも、支払手形、買掛金と支払期限到来の早いものから順に配列される〔図表2−15〕。

〔図表2−15〕流動性配列法

資 産 の 部		負債・純資産の部	
流動資産	現 金・預 金 受 取 手 形 売 掛 金 棚 卸 資 産	支 払 手 形 買 掛 金 短期借入金	流動負債
固定資産	建 物 機 械 土 地 無形固定資産 投資その他の資産	社 債 長期借入金	固定負債
		純資産	
繰延資産			

これに対して固定性配列法は、流動性配列法の逆の順序をとり、固定性の高い科目から順に配列される。

配列については原則として、流動性配列法が採用されている。

また、貸借対照表に繰延資産が計上されることがある。繰延資産は、通常の資産のよう

な実体的な価値を有さず、したがって換金価値ももたないことから、表示上の独立した区分を設け、貸借対照表上の資産の部の末尾に記載される。

❺ 貸借対照表の勘定科目

(1) 資産

企業会計上の代表的な資産の分類は〔図表2-16〕のとおりである。

〔図表2-16〕資産の分類

資産	流動資産	当座資産………現金・預金、受取手形、売掛金、有価証券（売買目的）
		棚卸資産………商品、製品、半製品、原材料、仕掛品、貯蔵品
		その他の流動資産…前払費用、未収収益、未収金、仮払金、短期貸付金など
	固定資産	有形固定資産……建物、機械装置、船舶、車両運搬具、工具器具備品、土地、建設仮勘定など
		無形固定資産……営業権、特許権、借地権、商標権、実用新案権、意匠権、鉱業権、漁業権、ソフトウェアなど
		投資その他の資産…長期前払費用、投資有価証券、関係会社株式、長期貸付金など
	繰延資産………………株式交付費、社債発行費等、創立費、開業費、開発費など

① 流動資産

流動資産は、さらにその性質に応じて当座資産、棚卸資産、その他の流動資産に分類される。

a．当座資産

当座資産とは、現金・預金、受取手形、売掛金、一時所有の有価証券などのような、とくに換金性の高い資産をいい、このうち現金・預金と有価証券は合わせて手元流動性と呼ばれ、営業活動を通じて生じた債権である受取手形と売掛金は、とくに売上債権と呼ばれる。

売上債権は、正常営業循環基準によって流動資産とされる。ただし、破産債権、更生債権あるいはこれらに準じる債権で、1年以内に回収されないことが明らかなものは、営業取引から生じた債権であっても営業循環から外れたものであるため、1年基準を適用して固定資産のなかの投資その他の資産へ振り替えられる。

i 貸倒引当金

売上債権や貸付金などの金銭債権については、貸倒引当金が設定される。

貸倒引当金は、当該各資産科目からの控除形式で表示することが原則だが、一括控除形式による表示や、控除後残高のみを貸借対照表に表示し、貸倒引当金を科目別または一括して注記表示する方法も認められている。

ii 有価証券

有価証券のうち、市場価格があるもので時価の変動により利益を得る目的（売買目的）で保有するものは流動資産に計上され、市場価格のないものおよび市場価格があっても他企業の支配を目的に長期的に保有するもの（関係会社株式など）は、固定資産のなかの投資その他の資産として表示される。有価証券については、時価のあるものは時価により評価され、時価のないものあるいは子会社株式等の他企業の支配を目的とするものについては、原則として取得価額で評価される。

b．棚卸資産

棚卸資産とは、販売活動を通じて現金化される資産であり、商品、製品、半製品、原材料、仕掛品、貯蔵品などがある。棚卸資産も売上債権と同様に正常営業循環基準により流動資産に表示される。

棚卸資産は、金銭債権と異なり、それ自体は貨幣価額を有していないため評価が必要となる。通常の販売目的で保有するものについては原則として取得原価で評価し、期末における時価（正味売却価額）が取得原価よりも下落している場合には正味売却価額で評価される。トレーディング目的で保有する棚卸資産については市場価格に基づく価額で評価される。品質低価や陳腐化等による収益性の低下についても、上記の正味売却価額が下落している場合に含めて評価される。

また、評価方法としては、先入先出法、平均原価法などの多くの方法があり、どの方法をとっているかにより、期末棚卸資産の評価額が変わってくる。先入先出法は、先に入庫したものを先に出庫していく、平均原価法は、入庫のつどまたは1年間まとめて平均単価を計算する方法である。

なお、後入先出法（後から入庫したものから先に出庫していくと仮定する方法）については、認められていない。

ｃ．その他の流動資産

流動資産のうち、当座資産ならびに棚卸資産のいずれにも属さないもので、前払費用、未収収益、未収金、仮払金、短期貸付金などがある。これらは実務上の財務分析の観点からは、資産である資格すなわち資産性が乏しい場合が多いため、とくに注意が必要である。

② 固定資産

ａ．有形固定資産

ⅰ 土地、建設仮勘定以外の有形固定資産

減価償却という手続を経て費用化されるという特徴をもっている建物、設備などの有形固定資産は、償却資産とも呼ばれている。

減価償却は、過去に支出された取得原価を費用化することだが、償却時においては支出を伴わない費用であることもあり、償却方法の変更や償却額の過不足などにより決算操作に利用されることも少なくない。

償却資産については、貸借対照表上、取得価額、当年度までの減価償却累計額およびその差額を記載する間接法、または、控除後残高を記載し、当年度までの減価償却累計額を注記する直接法による。

ⅱ 建設仮勘定

有形固定資産の建設のために支出した手付金または前渡金などで、完成時までこの科目で処理され、完成するとそれぞれの科目へ振り替えられる。建設仮勘定は、まだ稼働していない有形固定資産であるため、減価償却の対象にはならない。

ⅲ 土 地

原則として取得価額で表示されているため、現在の時価をチェックして含み損益を把握することが重要になる。土地についても減価償却は行われない。

ｂ．無形固定資産

企業に対して長期にわたり経済上の特権を与える権利であり、営業権、特許権、借地権、ソフトウェアなどがある。

無形固定資産の貸借対照表への計上は、有償で取得した場合に限られ、借地権、電話加入権以外の無形固定資産については、原則として残存価額をゼロとした定額法による減価償却が行われる。また、償却資産の表示は、減価償却累計額控除後の金額による（直接法）。

ｃ．投資その他の資産

長期前払費用、投資有価証券、出資金、長期貸付金などが主なものである。これらは資金の固定化を招くものであり、その他の流動資産と同様に、資産性に乏しいものが多いため注意が必要である。

③ 繰延資産

　株式交付費、社債発行費等、創立費、開業費、開発費など、繰延資産として計上することが適当なものについて計上することが認められている。

　繰延資産についても法務省令（会社計算規則）にて相当の償却を行うこととされている。また、表示は償却累計額控除後の金額による（直接法）。

　なお、繰延資産は実務上は単なる費用の先送りにすぎない場合が多いため、資産性の有無にはとくに注意が必要になる。

(2) 負債

　企業会計上の代表的な負債の分類は〔図表2−17〕のとおりである。通常、負債を流動負債と固定負債とに区分する基準としては、資産の場合と同様に、営業取引によって生じる仕入債務、すなわち支払手形と買掛金については正常営業循環基準により、その他のものは1年基準により区分表示する。

〔図表2−17〕負債の分類

```
        流動負債……支払手形、買掛金、未払金、預り金、前受金、短期借入金、長期借入金お
               よび社債のうち1年以内に返済される部分、賞与引当金、未払法人税等、
負債           前受収益、未払費用など

        固定負債……長期借入金、社債、退職給付引当金など
```

① 流動負債

a．仕入債務

　受取手形ならびに売掛金（売上債権）に対応する営業取引に基づいて発生した債務であり、支払手形ならびに買掛金をいい、流動負債に表示される。

b．短期借入金

　返済期限1年以内の借入金で、金融手形（手形借入金）と当座借越を含む。ただし、長期借入金で分割返済の定めがあり1年以内の返済予定額を正確に算定できるときは、原則としてその部分は短期借入金（流動負債）として計上される。

c．その他の流動負債

　未払金、預り金、前受金、賞与引当金、前受収益、未払費用などがある。

② 固定負債

a．長期借入金

返済期限が1年を超えて到来する借入金である。

b．社債および新株予約権付社債

社債は会社法の規定により発行する債券で、いずれも1年以内に償還期限が到来するものは流動負債の部に計上される。

c．退職給付引当金

従業員に将来支給するべき退職金の支給見込額を引当計上したもので、上場会社等では、退職給付債務から時価評価した年金資産を差し引いた金額を退職給付引当金として計上している。

d．その他の固定負債

長期未払金、長期預り金、長期前受金などがある。

(3) 純資産

会社法の施行に伴い、以前の資本の部は純資産の部となり、その分類は〔図表2－18〕のとおりである。なお、会計理論上の純資産の分類と同じである。

〔図表2－18〕純資産の分類（会社法上）

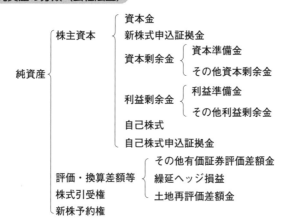

① **資本金および資本準備金**

資本金は、原則として発行済株式の発行価額の総額である。しかし、例外として株式の発行価額の2分の1までの額を株式払込剰余金として資本準備金とすることも認められて

いる。

このように、株主が資本として企業に払い込んだ金額（払込資本）と資本金とは必ずしも一致しない。この場合の払込資本は、資本金と資本準備金のうちの株式払込剰余金の合計額となる。

② その他資本剰余金

資本取引のうち、資本金・資本準備金として処理されなかった部分の金額である。具体的には、資本金や資本準備金を株主総会決議により取り崩した際の資本金および資本準備金の減少した額、自己株式を売却した際の簿価と売却価額との差額である自己株式処分差益等がある。これらの科目は、差益という名前はついているが損益計算書には計上されず、貸借対照表に直接計上される。

③ 利益準備金

会社法によって会社の利益の一部を強制的に社内に留保したもので、これにより財務基盤を強固にし債権者保護を図ることができる。

利益準備金は、資本準備金とともに法定準備金と呼ばれている。

④ その他利益剰余金

その他利益剰余金は、任意積立金および繰越利益剰余金から構成されている。

任意積立金とは、株主総会における剰余金の処分を経て、社内に留保されたものである。任意積立金には配当平均積立金、減債積立金などのほか、目的の特定しない別途積立金がある。

繰越利益剰余金は、当期純利益金額および前期繰越利益剰余金から構成されている。その他利益剰余金の増減については、株主資本等変動計算書においてその詳細が表示され、貸借対照表には残高のみが表示される。

利益準備金も任意積立金も、その設定額だけの現金をとくに区別して積み立てているわけではない。このような名目上の区分を設けているのは、それによって繰越利益剰余金を減らし、社外流出に充てられる金額を少なく表示することで、資金の流出に歯止めを加えようとしているためである。

〔図表2－19〕利益剰余金（留保利益）の分類

利益剰余金（留保利益）
- 利益準備金
- その他利益剰余金
  - 任意積立金
  - 繰越利益剰余金

⑤　自己株式

　自己株式は、株主資本の利益剰余金の次に控除項目として表示される。

⑥　評価・換算差額等

　評価・換算差額等には、資産について、時価を付すものとした場合の時価と簿価の差額である、その他有価証券評価差額金やヘッジ会計を適用している場合の繰延ヘッジ損益、土地を再評価した場合の土地再評価差額金等が表示される。

⑦　株式引受権

　株式引受権とは、取締役または執行役がその職務の執行として、株式会社に対して提供した役務の対価として当該株式会社の株式の交付を引き受けることができる権利（新株予約権を除く）をいう。当該株式引受権は、新株の発行が行われた場合、資本金または資本準備金に振り替えることとなる。

⑧　新株予約権

　新株予約権は、会社に新株を発行させる、もしくは会社の自己株式を移転させる権利のことである。

❻ 損益計算書の役割

　損益計算書は、継続企業における一定期間（「会計期間」という）の経営成績を明らかにする役割をもっている。損益計算書に表される経営成績は、**期間損益**（収益－費用＝利益）によって明らかにされる。

　損益計算書は、売上やそれ以外の収益の合計から、売上原価やそれ以外の費用合計を差し引いてそれを利益としてきたが、商品を売ることによって得られた利益、受取利息や有価証券を売って得られた利益、土地を売って得られた利益など、性質の違った利益がすべて同じ利益として扱われてしまう。

　そこで損益計算書では、各段階での計算区分を設けて区分ごとの段階別利益を表示することで、金融機関の与信管理など、利害関係者の意思決定に役立たせることにした。

❼ 損益計算書の様式・区分

(1) 損益計算書の様式

　損益計算書の様式には次のように、貸借対照表と同様、勘定式と報告式がある〔図表2－20〕。

〔図表2－20〕損益計算書の様式

損益計算書
（勘定式）

費　　　　用		収　　　　益	
期首商品たな卸高	150	売上高	600
当期商品仕入高	200	期末商品たな卸高	100
販売費および一般管理費	70	営業外収益	20
営業外費用	30	特別利益	10
特別損失	10		
法人税、住民税および事業税	110		
当期純利益金額	160		
合計	730	合計	730

損益計算書
（報告式）

Ⅰ	売上高		600
Ⅱ	売上原価		
	⑴期首商品たな卸高	150	
	⑵当期商品仕入高	200	
	合　　計	350	
	⑶期末商品たな卸高	100	250
	売上総利益		350
Ⅲ	販売費および一般管理費		70
	営業利益		280
Ⅳ	営業外収益		20
Ⅴ	営業外費用		30
	経常利益		270
Ⅵ	特別利益		10
Ⅶ	特別損失		10
	税引前当期純利益金額		270
	法人税、住民税および事業税		110
	当期純利益金額		160

（2）損益計算書の区分

　法務省令（会社計算規則）によれば売上高、売上原価、販売費および一般管理費、営業外収益、営業外費用、特別利益、特別損失の7項目に区分される。

〔図表2－21〕損益計算のステップ

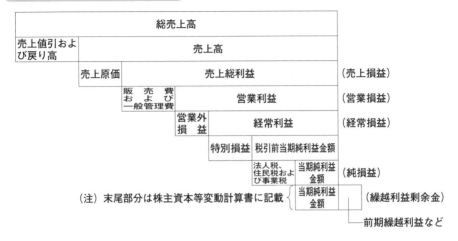

損益計算書

営業損益の部	Ⅰ 売上高	商品・製品の販売による収益
	Ⅱ 売上原価	販売した商品の仕入原価、製品の製造原価
	売上総利益（粗利益）	商品・製品の販売による利益
	Ⅲ 販売費および一般管理費	販売に要した経費や営業活動のための管理費
	営業利益	本業による利益
営業外損益の部	Ⅳ 営業外収益	本業以外の活動（財務活動等）による収益
	Ⅴ 営業外費用	本業以外の活動（財務活動等）による費用
	経常利益	正常な業績を表す利益
特別損益の部	Ⅵ 特別利益	臨時的な収益や過年度損益修正益
	Ⅶ 特別損失	臨時的な費用や過年度損益修正損
	税引前当期純利益金額	税引前の最終利益
	（－）法人税、住民税および事業税	当期分の法人税・住民税および事業税
	当期純利益金額	利益処分の財源となる最終利益

①　営業損益の部

　計算区分の1つ目は営業損益の部になる。会計上、営業という言葉は本業を意味するので、この区分では、本業の収益から本業の費用を差し引いて本業の利益を計算・表示する。

　具体的には、この区分では売上高から売上原価を差し引き、売上総利益を計算・表示する。さらにそこから、販売費および一般管理費を差し引いて営業利益を表示する。

```
営業損益の部

        Ⅰ売上高
 （−）   Ⅱ売上原価
        売上総利益          ←通称・粗利益
 （−）   Ⅲ販売費および一般管理費  ←人件費や物件費など
        営業利益           ←本業の利益
```

② 営業外損益の部

　この区分では営業利益に営業外収益を加算し、さらに営業外費用を減算して経常利益を表示する。営業という言葉は本業を意味するので、営業外は本業以外という意味で用いられ、受取利息・支払利息や（売買目的の）有価証券売却損益などがここで表示される。なお、経常利益の経常とは正常つまり異常な要素を除いたという意味である。

```
営業外損益の部

        営業利益
 （＋）   営業外収益          ←受取利息・有価証券売却益など
 （−）   営業外費用          ←支払利息・有価証券売却損など
        経常利益           ←正常な業績を表す利益
```

③ 特別損益の部

　この区分では経常利益に特別利益を加算し、特別損失を減算して税引前当期純利益金額を表示し、さらにそこから法人税・住民税および事業税を控除して当期純利益金額を表示する。この特別利益と特別損失は臨時的な損益（風水害損失など）や過年度の計算の誤りを訂正する損益（引当金戻入益など）がある。

　これらを加減して計算される当期純利益金額は、利益処分の財源となる最終利益である。

```
特別損益の部

        経常利益
 （＋）   特別利益              ←引当金戻入益など
 （−）   特別損失              ←風水害損失など
        税引前当期純利益金額
 （−）   法人税、住民税および事業税   ←法人税・住民税および事業税等
        当期純利益金額          ←利益処分の財源となる最終利益
```

❽ 損益計算書の項目

(1) 売上高

　主目的たる営業活動による収益で営業収益ともいう。総売上高から、売上値引・売上戻しを控除した純売上高で表示するが、売上割引は金融費用として営業外費用に表示する。

> 売上値引：品質不良などによる代金減免額
> 売上戻し：多額取引などによる代金減免額
> 売上割引：代金回収が当初の約定より早められた場合の金融費用（割引額）

(2) 売上原価

　販売した商品の仕入原価や製品の製造原価で、商業と製造業では、それぞれ次のようにその内訳が表示される。

```
〈商業のケース〉                    〈製造業のケース〉
Ⅱ．売上原価                        Ⅱ．売上原価
  1．期首商品たな卸高    100          1．期首製品たな卸高    100
  2．当期商品仕入高      150          2．当期製品製造原価    150
       合    計        250              合    計        250
  3．期末商品たな卸高     80   170←   3．期末製品たな卸高     80   170←
                  └ココが売上原価┘
```

　いずれも1．と2．の合計（販売可能商品・製品の合計）から、期末商品または製品在庫（売れ残り）を差し引いて売上原価（売れた商品または製品の原価）を表示する。

(3) 販売費および一般管理費

　販売に要した経費や営業活動のための管理費をいう。営業部門や管理部門の人件費や減価償却費などの物件費等がここに含まれる。また、売上原価と販売費および一般管理費を合わせて営業費用という。

　なお、製造部門の人件費や減価償却費は（2）の売上原価の一部になる。

(4) 営業外収益・費用

　本業以外の活動すなわち財務活動・金融活動（金融業、保険業等を除く）による損益を

いう。受取利息・支払利息や流動資産に計上された（売買目的の）有価証券の売却損益などがここに含まれる。

たとえば、売買目的の有価証券（簿価100万円）を120万円で市場で売却したとすると、会計処理は次のようになる。

> （借）現金120万円（貸）有価証券100万円
> 　　　　　　　　　　有価証券売却益20万円

この場合には、「売価－簿価＝20万円」だけが、収益に計上される。

（5）特別利益・損失

臨時損益をいう。

- 臨時損益…風水害損失や固定資産売却損益など

たとえば、簿価１億円の建物が火災で焼失した場合の会計処理は次のようになる。

> （借）火災損失１億円（貸）建物１億円

また、昨年度に貸倒処理をした売掛金100万円が今年度になって回収できたときの会計処理は次のようになる。

> （借）現金100万円（貸）償却済債権取立益100万円

❾ 当期業績主義と包括主義

損益計算書が何を表示するかに関して、２つの考え方がある。

- **当期業績主義**

期間損益による**業績評価**を中心概念とし、**経常利益**によってそれを可能にする。

そのために、正常な営業活動による期間損益だけを表示し、特別損益は含めない。

- **包括主義**

処分可能損益による**利益処分の財源**の表示を中心概念とし、当期純利益金額によってそれを可能にする。そのために、特別損益を含んだすべての損益を表示する。

企業会計原則と会社法は、ともに当期業績主義的利益である経常利益と、包括主義的利益である当期純利益金額を表示しているので、当期業績主義を含んだ包括主義によるもの

と解されている。

⑩ キャッシュ・フロー計算書の役割

　キャッシュ・フローは、損益計算のような主観的要素が排除された客観的な金額として計算表示される。たとえば、減価償却の方法にはさまざまな方法があり、それによって利益の金額は大きく変わるが、キャッシュ・フローには影響を与えない。

　また、金融商品取引法会計で作成されるキャッシュ・フロー計算書は連結ベースが原則で、連結財務諸表が作成されない会社についてのみ、単体ベースのキャッシュ・フロー計算書が作成される。なお、会社法会計ではとくにキャッシュ・フロー計算書の作成は求められていない。

⑪ キャッシュ・フロー計算書の内容

(1) 資金の範囲と表示区分

　キャッシュ・フロー計算書では、資金の範囲として**現金および現金同等物**としている。具体的には、手許現金、要求払預金（普通預金、当座預金、通知預金）、取得日から3カ月以内に満期日または償還日が到来する定期預金、譲渡性預金、CP、現先、公社債投資信託等を指す。ただし、会社は自主的に資金の範囲を決定することが可能であり、資金の範囲およびその変更は注記事項となる。

　キャッシュ・フロー計算書の表示区分は、「①　営業活動によるキャッシュ・フロー」「②　投資活動によるキャッシュ・フロー」「③　財務活動によるキャッシュ・フロー」の3つに分けられる。

(2) キャッシュ・フロー計算書の各区分の内容と様式

①　営業活動によるキャッシュ・フロー

　この区分には、収入・支出を直接表示する**直接法**と、税引前当期純利益金額からスタートして必要な調整項目を加減して表示する**間接法**がある（〔図表2−22〕の網かけ部分参照）。実務上は、作成がより簡単な間接法が主流となっている。

　間接法において、減価償却費、のれん償却額、貸倒引当金の増加額が税金等調整前当期純利益金額に加算されているのは、それが支出を伴わない費用であるにもかかわらず、損益計算の過程で減算されてしまっているので、それを取り消すためである。

　また、受取利息および受取配当金の減算と支払利息と損害賠償損失の加算は、発生主義による損益計算書の数値をいったん取り消したうえで、（小計の下の欄で）現金主義での入金・出金に修正するためのものである。

　為替差損と持分法による投資利益は、収支に無関係であるのでこれを取り消し、有形固定資産売却益はこれを取り消して有形固定資産売却収入として投資活動によるキャッシュ・フローに記載することになる。

　売上債権の増加額は、その分だけ未回収が増えた、つまり入金が減ったことを意味するためキャッシュ・フローにとってマイナス、棚卸資産の減少額はその分だけ仕入支出が減少したのでキャッシュ・フローにとってプラスとなる。仕入債務の減少額は、その分だけ未払いが減った、つまり現金支出が増えたことを意味する。

　決算支出のなかでも、役員賞与は営業活動として、配当金の支払は財務活動として扱う。

②　投資活動によるキャッシュ・フロー

　この区分には、現事業維持のための投資、新規事業への投資、有価証券などへの投資を記載する。なお、投資の回収であるキャッシュ・イン・フロー（有価証券売却収入、有形固定資産売却収入など）もこの区分に記載する。

③　財務活動によるキャッシュ・フロー

　長短借入金や社債の増減、増資や自社株消却、配当金の支払などが財務活動によるキャッシュ・フローの内容である。

　営業活動によるキャッシュ・フローを投資活動によるキャッシュ・フローが上回った場合に、この財務活動によるキャッシュ・フローでその不足額を補うことになる。

〔図表 2 −22〕 キャッシュ・フロー計算書の様式

（直接法によるキャッシュ・フロー計算書）
Ⅰ　営業活動によるキャッシュ・フロー

営業収入	17,000
原材料または商品の仕入支出	−15,000
人件費支出	−1,000
その他の営業支出	−700
小　　計	300

利息および配当金の受取額	90
利息の支払額	−100
損害賠償金の支払額	−30
……	
法人税等の支払額	−200
営業活動によるキャッシュ・フロー	60
Ⅱ　投資活動によるキャッシュ・フロー	20
Ⅲ　財務活動によるキャッシュ・フロー	50
Ⅳ　現金および現金同等物に係る換算差額	
Ⅴ　現金および現金同等物の増加額	130
Ⅵ　現金および現金同等物期首残高	150
Ⅶ　現金および現金同等物期末残高	280

第2章

（間接法によるキャッシュ・フロー計算書）
I　営業活動によるキャッシュ・フロー

税金等調整前当期純利益金額	200
減価償却費	80
のれん償却額	155
貸倒引当金の増加額	5
受取利息および受取配当金	−120
支払利息	100
為替差損	40
持分法による投資利益	−20
有形固定資産売却益	−40
損害賠償損失	30
売上債権の増加額	−30
たな卸資産の減少額	20
仕入債務の減少額	−40
役員賞与	−80
小　　計	300

利息および配当金の受取額	90
利息の支払額	−100
損害賠償金の支払額	−30
……	
法人税等の支払額	−200
営業活動によるキャッシュ・フロー	60
II　投資活動によるキャッシュ・フロー	20
III　財務活動によるキャッシュ・フロー	50
IV　現金および現金同等物に係る換算差額	
V　現金および現金同等物の増加額	130
VI　現金および現金同等物期首残高	150
VII　現金および現金同等物期末残高	280

第3節 法人税申告書

① 法人税申告書の主要な構成要素

ａ．**別表一**……申告書の総括表

（内容）　会社名、課税所得金額、税額、同族会社の留保金課税額

ｂ．**別表四**……**決算上の利益と課税所得の相違を検討する基本資料**

（内容）　所得の金額の計算に関する明細書。当期純利益金額を出発点とし、これに税法規定による加算・減算をして課税所得を算出する。

ｃ．**別表五（一）**……利益積立金額及び資本金等の額の計算に関する明細書

（内容）　税法上の積立金や引当金の繰入限度超過額など、期首・期末の現在高を示し、税法による純資産と会計上の純資産との相違点を知ることができる。

ｄ．**別表五（二）**……租税公課の納付状況等に関する明細書

（内容）　法人税、道府県民税、事業税等の額および納付状況がわかる。

ｅ．**別表七**……欠損金の損金算入等に関する明細書

（内容）　繰越欠損金がいくらあるのか、その発生状況・当期控除額、これから控除できる欠損金がどのくらいあるかがわかる。

ｆ．**別表十一（一）**……個別評価金銭債権に係る貸倒引当金の損金算入に関する明細書

（内容）　個別評価金銭債権（いわゆる不良債権）に係る貸倒引当金の繰入状況がわかる。

ｇ．**別表十一（一の二）**……一括評価金銭債権に係る貸倒引当金の損金算入に関する明細書

（内容）　個別評価金銭債権以外の一般債権に係る貸倒引当金の繰入状況がわかる。

ｈ．**別表十六（一）、（二）**……減価償却資産の償却額の計算に関する明細書

（内容）　定率法か定額法か。有形固定資産は原則として定率法が法定償却方法。償却不足または超過があるか、特別償却、割増償却の状況も参考にする。

ここでは、別表一（および次葉）、四、五（一）について簡単に解説する。

① **別表一、別表一次葉**〔図表2-23〕、〔図表2-24〕

　法人税申告書の総括表となる。上欄には法人の基本情報や添付書類が記載されている。

　まず、同表の左肩部分に税務署受付印があることを確かめる（電子申告の場合を除く）。この別表は、別表四で算出した課税所得金額に基づいて、所定の法人税率を乗じ法人税額を算出する過程がわかるようになっている。

　「1　所得金額又は欠損金額」には別表四「52　所得金額又は欠損金額」310,133,389円が転記される。「2　法人税額」には別表一次葉で計算された法人税額71,294,856円（＝別表一次葉「48」1,200,000円＋「50」70,094,856円）が転記され、そこに法人税額の特別控除や留保金課税などが減算・加算され「9　法人税額計」70,934,856円が算出される。本例では「3　法人税額の特別控除額」360,000円が適用されているが、これは研究開発税制（試験研究費の総額に係る法人税額の特別控除）の適用による税額控除としている（研究開発税制の別表は割愛）。

　本例では、「9　法人税額計」70,934,856円から「12　控除税額」213,389円と「14　中間申告分の法人税額」31,900,000円を控除して、最終的な「15　差引確定法人税額」38,821,400円が算出され、これが当期の納付すべき法人税額となる。なお、「12　控除税額」は「16」～「20」で計算した所得税額、外国税額の控除税額であり、仮に法人税額が少なく控除しきれない場合には「20」に記載され還付対象となる。

　別表一の下欄は地方法人税の計算個所となる。地方法人税の課税標準は法人税額で、本例では「30　課税標準法人税額」70,934,000円（千円未満切捨て）となり、別表一次葉で計算された税額7,306,202円（別表一次葉「53」）が「31　地方法人税額」に転記される。

　本例では、「34　所得地方法人税額（本例では31地方法人税額と同額）」7,306,202円から「39　中間申告分の地方法人税額」3,700,000円を控除した「40　差引確定地方法人税額」3,606,200円（百円未満切捨て）が当期の納付すべき地方法人税額となる。

　その他、「剰余金・利益の配当（剰余金の分配）の金額」や「決算確定の日」などは下欄右に記載される。

② **別表四（所得の金額の計算に関する明細書）**〔図表2-25〕

　別表四は、会計上の当期利益（または当期欠損）を出発点に、税法独自の申告調整項目を加減算して、法人税の所得金額（または欠損金額）を計算する別表である。加算または減算の各項目については、各々別の別表で計算された金額が転記される。

　別表四では、縦に②留保、③社外流出と区分され、①総額はその合計となる。

　「留保」は税務上の資産、負債及び純資産の額に影響を及ぼすものとされ、別表五（一）に転記される。「6　減価償却の償却超過額」など、税務と会計の一時的な差異（将来解

消されるべき差異）が留保となる。

　「社外流出」は申告調整項目ではあるが、その事業年度の所得計算のみに影響し、別表五（一）に転記されない。「7　役員給与の損金不算入額」や「8　交際費等の損金不算入額」、「26　仮計」の下の「29　法人税額から控除される所得税額」などが対象となる。

　本例では、会計上の当期利益は「1　当期利益又は当期欠損の額」224,000,000円で、その金額を出発点に税務上の申告調整（加算調整、減算調整）が行われ、「52　所得金額又は欠損金額」310,133,389円が算出される。

③　別表五（一）（利益積立金額及び資本金等の額の計算に関する明細書）〔図表2−26〕

　「Ⅰ　利益積立金額の計算に関する明細書」は、税務上の利益剰余金である利益積立金額の計算明細書である。会計上の利益準備金や各種積立金、繰越損益金の他、別表四の申告調整項目のうち留保となったものが記載される。

　「期首現在利益積立金①」に「当期中の増減②③」を減算・加算し「差引翌期首利益積立金額④」が計算される。前期から繰り越された「減価償却の償却超過額」や「貸倒引当金繰入超過額」などは、当期において税務と会計の一時的な差異が解消された場合には「当期中の増減」の「②　減」に記載され、新たに差異が生じた場合には「③　増」に記載される。

　本例では、「3　減価償却の償却超過額」について見てみると、「期首現在利益積立金①」450,000円が「②　減」で同額減算され、「③　増」で新たに900,000円が生じて、「差引翌期首利益積立金額④」は900,000円となっている。これは、別表四で「12　減価償却超過額の当期認容額」450,000円が減算され、「6　減価償却の償却超過額」900,000円が加算されたため、別表五（一）に転記されたものである。

　別の言い方をすれば、この「差引翌期首利益積立金額④」900,000円は既に償却（費用化）されて、会計上はゼロであるが、税務上は900,000円の償却超過は認められず依然として固定資産の残高があり、税務上の利益積立金額の一部となっているということである。

　本例の当期末における利益積立金額の合計額は「31　差引合計額④」1,099,619,200円となる。この金額は、たとえば「27　未納法人税及び未納地方法人税④」42,427,600円が差し引かれた後の金額となっているが、この42,427,600円は別表一「15　差引確定法人税額」38,821,400円と「40　差引確定地方法人税額」3,606,200円の合計額である。

　「Ⅱ　資本金等の額の計算に関する明細書」は資本金（または出資金）や資本準備金、その他資本剰余金などの資本剰余金が記載される。

〔図表2-23〕別表一の例

署受付印	令和 年 月 日 税務署長殿	青色申告 一連番号

納税地	東京都新宿区南元町100番地 電話（　）　―
（フリガナ）	シナノマチキンゾクカブシキガイシャ
法人名	信濃町金属株式会社
法人番号	
（フリガナ）	アオヤマ　タロウ
代表者氏名	青山太郎
代表者住所	東京都新宿区南元町100番地

通算グループ整理番号	
通算親法人整理番号	
法人区分	
事業種目	金属製品製造業
期末現在の資本金の額又は出資金の額	20,000,000 円
同非区分	特定同族会社・同族会社・非同族会社
旧納税地及び旧法人名等	
添付書類	

※税務署処理欄	整理番号
	事業年度（至）
	売上金額
	申告年月日
	通信日付印　確認　庁指定　局指定　指導等　区分
	年月日

申告区分

令和 06 年 04 月 01 日	事業年度分の法人税	申告書	適用額明細書提出の有無　有・無
令和 07 年 03 月 31 日	課税事業年度分の地方法人税	申告書	税理士法第30条の書面提出有　有
中間申告の場合の計算期間 令和 年 月 日～令和 年 月 日			税理士法第33条の2の書面提出有

この申告書による法人税額の計算

項目	番号	金額
所得金額又は欠損金額（別表四「52の①」）	1	310,133,389
法人税額 (48)＋(49)＋(50)	2	71,294,856
法人税額の特別控除額（別表六（六）「5」）	3	3,600,000
税額控除超過額相当額等の加算額	4	0
課税土地譲渡利益金額（別表三（二）「24」）＋（別表三（二の二）「25」）＋（別表三（三）「20」）	5	0
同上に対する税額 (62)＋(63)＋(64)	6	0
課税留保金額（別表三（一）「4」）	7	0
同上に対する税額（別表三（一）「8」）	8	0
法人税額計 (2)－(3)＋(4)＋(6)＋(8)	9	70,934,856
分配時調整外国税相当額及び外国関係会社等に係る控除対象所得税額等相当額の控除額（別表六（五の二）「7」＋別表十七（三の六）「3」）	10	
仮装経理に基づく過大申告の更正に伴う控除法人税額	11	
控除税額（((9)－(10)－(11))のうち少ない金額）	12	213,389
差引所得に対する法人税額 (9)－(10)－(11)－(12)	13	70,721,400
中間申告分の法人税額	14	31,900,000
差引確定／中間申告の場合はその法人税額／税額　(13)－(14)／減少する場合は、マイナス	15	38,821,400

この申告書による地方法人税額の計算

項目	番号	金額
所得の金額に対する法人税額 (28)＋(29)＋(30)＋(64)／外国税額の控除額の計算上控除した金額	28	70,934,856
課税留保金額に対する法人税額 (8)	29	
課税標準法人税額 (28)＋(29)	30	70,934,000
地方法人税額 (53)	31	7,306,202
税額控除超過額相当額の加算額（別表六（二）付表六「14の計」）	32	
課税留保金額に係る法人税額 (54)	33	
所得地方法人税額 (31)＋(32)＋(33)	34	7,306,202
分配時調整外国税相当額及び外国関係会社等に係る控除対象所得税額等相当額の控除額（別表六（二）「50」＋別表十七（三の六）「6」）	35	
仮装経理に基づく過大申告の更正に伴う控除地方法人税額	36	
外国税額の控除額 (((34)－(35)－(36))のうち少ない金額)	37	
差引地方法人税額 (34)－(35)－(36)－(37)	38	7,306,200
中間申告分の地方法人税額	39	3,700,000
差引確定／中間申告の場合はその地方法人税額／(38)－(39)／減少する場合は、マイナス	40	3,606,200

控除税額の計算

項目	番号	金額
所得税の額（別表六（一）「6の③」）	16	213,389
外国税額（別表六（二）「23」）	17	
計 (16)＋(17)	18	213,389
控除した金額 (12)	19	213,389
控除しきれなかった金額 (18)－(19)	20	0

この申告による還付金額

項目	番号	金額
所得税額等の還付金額 (20)	21	
中間納付額 (14)－(13)	22	
欠損金の繰戻しによる還付請求税額	23	
計 (21)＋(22)＋(23)	24	

この申告が修正申告である場合のこの申告により納付すべき法人税額又は減少する還付請求税額 (57)	25	0,0
欠損金等の当期控除額（別表七（一）「4の計」＋別表七（四）「10」若しくは「21」又は別表七（三）「9」）	26	
翌期へ繰り越す欠損金額（別表七（一）「5の合計」）	27	

この申告による還付金額（外国税額の還付金額 (67)	41	
中間納付額 (39)－(38)	42	
計 (41)＋(42)	43	

この申告が修正申告である場合のこの申告により納付すべき地方法人税額 (61)	44	0,0
剰余金・利益の配当（剰余金の分配）の金額		3,000,000
残余財産の最後の分配又は引渡しの日 令和 年 月 日	決算確定の日	07,05,XX

還付を受けようとする金融機関等	銀行　本店・支店	郵便局名等
	金庫・組合　出張所　預金	
	農協・漁協　本所・支所	
	口座番号	ゆうちょ銀行の貯金記号番号 ―
	※税務署処理欄	

税理士署名	

〔図表2−24〕別表一次葉

事業 年度等	令6・4・1 令7・3・31	法人名	信濃町金属株式会社

別表一次葉　令五・四・一以後終了事業年度等分

法　人　税　額　の　計　算				
(1)のうち中小法人等の年800万円相当額 以下の金額 <small>((1)と800万円× ─ のうち少ない金額) </small>	45	8,000,000	(45)の15%又は19%相当額 48	1,200,000
(1)のうち特例税率の適用がある協同 組合等の年10億円相当額を超える金額 (1)-10億円× ──	46	000	(46)の　22％　相　当　額 49	
そ　の　他　の　所　得　金　額 (1)-(45)-(46)	47	302,133,000	(47)の19%又は23.2%相当額 50	70,094,856

地　方　法　人　税　額　の　計　算				
所得の金額に対する法人税額 (28)	51	70,934,000	(51)の　10.3％　相　当　額 53	7,306,202
課税留保金額に対する法人税額 (29)	52	000	(52)の　10.3％　相　当　額 54	

こ　の　申　告　が　修　正　申　告　で　あ　る　場　合　の　計　算						
法人税額の計算	この申告前の	法　人　税　額	55		地方法人税額の計算	この申告前の	確定地方法人税額 58	
		還　付　金　額	56 外			還　付　金　額 59	
						欠損金の繰戻しによる 還　付　金　額 60	
		この申告により納付すべき法人 税額又は減少する還付請求税額 ((15)-(55))若しくは((15)+(56)) 又は((56)-(24))	57 外 00			この申告により納付 すべき地方法人税額 ((40)-(58))若しくは((40)+(59) +(60))又は((59)-(43))+((60) -(43の外書))) 61	00

土　地　譲　渡　税　額　の　内　訳					
土　地　譲　渡　税　額 (別表三(二)「25」)	62	0	土　地　譲　渡　税　額 (別表三(三)「21」)	64	00
同 (別表三(二の二)「26」)	63 上	0			

地　方　法　人　税　額　に　係　る　外　国　税　額　の　控　除　額　の　計　算					
外　国　税　額 (別表六(二)「56」)	65		控除しきれなかった金額 (65)-(66)	67	
控　除　し　た　金　額 (37)	66				

〔図表2－25〕 別表四の例

所得の金額の計算に関する明細書（簡易様式）

事業年度	令6.4.1 令7.3.31	法人名	信濃町金属株式会社

別表四（簡易様式）　令五・四・一以後終了事業年度分

御注意

2 1 沖縄の認定法人の課税の特例等の規定の適用を受ける法人にあっては、別様式による別表四の「52」の「①」欄の金額は、「②」欄の金額に「③」欄の本書の金額を加算し、これから「※」の金額を加減算した額と符合することになります。

区　分		総　額 ①	処　分		
			留　保 ②	社外流出 ③	
当期利益又は当期欠損の額	1	224,000,000 円	221,000,000 円	配当	3,000,000 円
				その他	
加算	損金経理をした法人税及び地方法人税（附帯税を除く。）	2	35,600,000	35,600,000		
	損金経理をした道府県民税及び市町村民税	3	3,590,000	3,590,000		
	損金経理をした納税充当金	4	61,000,000	61,000,000		
	損金経理をした附帯税（利子税を除く。）、加算金、延滞金（延納分を除く。）及び過怠税	5			その他	
	減価償却の償却超過額	6	900,000	900,000		
	役員給与の損金不算入額	7	700,000		その他	700,000
	交際費等の損金不算入額	8	300,000		その他	300,000
	通算法人に係る加算額（別表四付表「5」）	9			外※	
	貸倒引当金繰入限度超過額	10	180,000	180,000		
	退職給与引当金取崩不足額		1,800,000	1,800,000		
	小　　計	11	104,070,000	103,070,000	外※	1,000,000
減算	減価償却超過額の当期認容額	12	450,000	450,000		
	納税充当金から支出した事業税等の金額	13	15,600,000	15,600,000		
	受取配当等の益金不算入額（別表八（一）「5」）	14	500,000		※	500,000
	外国子会社から受ける剰余金の配当等の益金不算入額（別表八（二）「26」）	15			※	
	受贈益の益金不算入額	16			※	
	適格現物分配に係る益金不算入額	17			※	
	法人税等の中間納付額及び過誤納に係る還付金額	18				
	所得税額等及び欠損金の繰戻しによる還付金額等	19			※	
	通算法人に係る減算額（別表四付表「10」）	20			※	
	貸倒引当金当期認容額	21	100,000	100,000		
	退職給与引当金当期認容額		1,500,000	1,500,000		
	小　　計	22	18,150,000	17,650,000	外※	500,000 0
仮　　計　(1)+(11)-(22)	23	309,920,000	306,420,000	外※	△500,000 4,000,000
対象純支払利子等の損金不算入額（別表十七（二の二）「29」又は「34」）	24			その他	
超過利子額の損金算入額（別表十七（二の三）「10」）	25	△		※	△
仮　　計　((23)から(25)までの計)	26	309,920,000	306,420,000	外※	△500,000 4,000,000
寄附金の損金不算入額（別表十四（二）「24」又は「40」）	27			その他	
法人税額から控除される所得税額（別表六（一）「6の③」）	29	213,389		その他	213,389
税額控除の対象となる外国法人税の額（別表六（二の二）「7」）	30			その他	
分配時調整外国税相当額及び外国関係会社等に係る控除対象所得税額等相当額（別表六（五の二）「5の②」）+（別表十七（三の六）「1」）	31			その他	
合　　計　(26)+(27)+(29)+(30)+(31)	34	310,133,389	306,420,000	外※	△500,000 4,213,389
中間申告における繰戻しによる還付に係る災害損失欠損金額の益金算入額	37			※	
非適格合併又は残余財産の全部分配等による移転資産等の譲渡利益額又は譲渡損失額	38			※	
差　　引　計　(34)+(37)+(38)	39	310,133,389	306,420,000	外※	△500,000 4,213,389
更生欠損金又は民事再生等評価換えが行われる場合の再生等欠損金の損金算入額（別表七（三）「9」又は「21」）	40	△		※	△
通算対象欠損金額の損金算入額又は通算対象所得金額の益金算入額（別表七の二「5」又は「11」）	41			※	
差　　引　計　(39)+(40)±(41)	43	310,133,389	306,420,000	外※	△500,000 4,213,389
欠損金等の当期控除額（別表七（一）「4の計」）+（別表七（四）「10」）	44	△		※	△
総　　計　(43)+(44)	45	310,133,389	306,420,000	外※	△500,000 4,213,389
残余財産の確定の日の属する事業年度に係る事業税及び特別法人事業税の損金算入額	51	△	△		
所得金額又は欠損金額	52	310,133,389	306,420,000	外※	△500,000 4,213,389

(簡)

〔図表2−26〕 別表五（一）の例

利益積立金額及び資本金等の額の計算に関する明細書

事業年度	令6. 4 .1 令7. 3 .31	法人名	信濃町金属株式会社

別表五（一）　令五・四・一以後終了事業年度分

I 利益積立金額の計算に関する明細書

区　分		期首現在 利益積立金額 ①	当 期 の 増 減		差引翌期首現在 利益積立金額 ①−②+③ ④
			減 ②	増 ③	
利 益 準 備 金	1	5,000,000 円	円	円	5,000,000
別 途 積 立 金	2	250,000,000			250,000,000
減価償却の償却超過額	3	450,000	450,000	900,000	900,000
貸倒引当金繰入限度超過額	4	100,000	100,000	180,000	180,000
退 職 給 与 引 当 金	5	20,000,000	1,500,000	1,800,000	20,300,000
	6				
	7				
	8				
	9				
	10				
	11				
	12				
	13				
	14				
	15				
	16				
	17				
	18				
	19				
	20				
	21				
	22				
	23				
	24				
繰越損益金（損は赤）	25	587,633,900	587,633,900	808,633,900	808,633,900
納 税 充 当 金	26	61,400,000	61,400,000	61,000,000	61,000,000
未納法人税等	未納法人税及び未納地方法人税（附帯税を除く。） 27	△ 38,000,000	△ 73,600,000	中間 △35,600,000 確定 △42,427,600	△ 42,427,600
	未払通算税効果額（附帯税の額に係る部分の金額を除く。） 28			中間 確定	
	未納道府県民税（均等割額を含む。） 29	△ 7,800,000	△ 11,390,000	中間 △ 3,590,000 確定 △ 3,967,100	△ 3,967,100
	未納市町村民税（均等割額を含む。） 30	△	△	中間 △ 確定 △	△
差 引 合 計 額	31	878,783,900	566,093,900	786,929,200	1,099,619,200

II 資本金等の額の計算に関する明細書

区　分		期首現在 資本金等の額 ①	当 期 の 増 減		差引翌期首現在 資本金等の額 ①−②+③ ④
			減 ②	増 ③	
資本金又は出資金	32	20,000,000 円	円	円	20,000,000 円
資 本 準 備 金	33				
	34				
	35				
差 引 合 計 額	36	20,000,000	0	0	20,000,000

② 当期純利益金額の検討

　法人税申告書ではまず、提出された損益計算書の当期純利益金額に粉飾がないかをチェックする。

　損益計算書の当期純利益が法人税申告書に記載されるのは、別表四「所得の金額の計算に関する明細書」の冒頭1欄の「当期利益又は当期欠損の額」の部分である〔**図表2-25**〕。この金額と損益計算書の当期純利益との一致を確認する。次に、別表四の加算・減算の内容を概観し、加算・減算によって最終52欄の「所得金額又は欠損金額」を確認のうえ、それが別表一、申告書表題部冒頭1欄の「所得金額又は欠損金額」の欄と一致しているかどうかを確かめる。

③ 減価償却費

　減価償却の実施状況については、定額法の場合は別表十六（一）、定率法の場合は別表十六（二）に表示される。この表で、償却限度額、当期償却額（損金算入額）、償却超過額、償却不足額などがわかる。

　有形固定資産（鉱業用を除く）については、法人の場合は1998年4月1日以後取得の建物や2016年4月1日以後取得の建物附属設備、構築物を除いて定率法が法定償却方法になっているが、定額法に比べ定率法のほうが投資当初の損金算入額が多く、有利である。

　また、所得税とは異なり、法人税法では減価償却は任意となっているため、利益が出そうにない場合には償却の全部または一部を計上しない場合もあるので、償却不足が発生していないか注意する。

④ 各種引当金

　法人税法では、貸倒引当金（別表十一（一）、十一（一の二））等の各種引当金の計上を認められている。

　会社法や金融商品取引法に基づく決算を行っている会社を除くと、引当金が貸借対照表上にないケースが多いが、それは主に以下の2つのケースが考えられる。

① 収益力のある会社だが、税法に基づく決算を行っているため、税法上認められている引当金以外は計上していない。
② 収益力のない会社であり、税法上認められているかにかかわらず、十分な引当金が計上できていない。

　そのため、税法上認められている引当金について、税務上の限度まで引き当てられていない場合、利益を捻出しようとする甘い決算が行われている可能性がある。限度額を超えていれば、収益余力のある優良会社であることが予想される。この引当金繰入額についての考え方は、減価償却費と同様である。

❺ 勘定科目内訳明細書

　このほか、勘定科目内訳明細書によって科目ごとの明細がわかる。
① 売掛金のなかで、残高が前期と変化のないようなものは不良債権の可能性がある。
② 仮払金、立替金の中に仮払旅費や交際費など既に費消して資産性のないものが計上されていないか。
③ 未払費用は正確に計上されているか。

　最近の状況に関しては、有価証券の内容を時価と比較してみるべきである。また、不動産の内容を調査し、これも時価等の実態を把握する必要がある。さらに、連結決算を行っている会社であれば、連結計算書類を入手し、グループ全体の財政状態・経営成績を把握する必要がある。

実務上のポイント

- 法人税申告書別表一は、法人税申告書の総括表であり、当該法人の事業種目、期末現在の資本金の額または出資金の額、所得金額または欠損金額、法人税額、地方法人税額等を記載する。
- 法人税申告書別表四は、損益計算書の当期利益の額または当期欠損の額に法人税法上の加算または減算を行い、所得金額または欠損金額を算出する明細書である。

第4節

法人税の仕組み

① 所得の金額

法人税は、各事業年度の所得の金額について課される。各事業年度の所得の金額は次の算式により計算する。

各事業年度の所得の金額

その事業年度の益金の額－その事業年度の損金の額

法人税の課税標準である各事業年度の所得の金額（課税所得金額）は益金（法人税法上の収益）の額から損金（法人税法上の費用）の額を控除して計算するが、後述するように、実際には益金の額から損金の額を控除して計算するのではなく、企業会計の損益計算書で収益から費用を控除して計算した当期純利益に、企業会計と法人税の異なる部分を調整（加算、減算）して、法人税の課税所得金額を計算する。

(1) 益金の額

益金の額に算入すべき金額は、基本的には、①資産の販売、②有償または無償による資産の譲渡または役務の提供（注）、③無償による資産の譲受け、④その他の取引で、「資本等取引」以外のものに係るその事業年度の収益の額である。

ただし、法人税法やその他の法令で別段の定めがある場合は、その定めに従う。

なお、資本等取引とは、法人の資本金等の額の増加または減少を生ずる取引ならびに法人が行う利益または剰余金の分配、および残余財産の分配または引渡しをいう。

⚫︎ 法人が所有している資産を取引等により対価を得て譲渡する場合が「有償による資産の譲渡」である。得た対価は益金になる。一方で、無償で資産を譲渡する場合も、益金算入とされている（法人税法22条）。つまり、無償で資産を他に贈与した場合は、その資産の時価相当額を益金に算入し、同時にその資産の時価相当額を相手方に寄附したものとするということである。同様に無償で役務を提供しても、時価相当額は益金に算入する。

(2) 損金の額

損金の額に算入すべき金額は、その事業年度の原価、費用、損失の額のうち以下のものである。

① その事業年度の収益に係る売上原価、完成工事原価等の額

② その事業年度の販売費、一般管理費その他の費用で（減価償却費等を除いて）債務が確定した額

③ その事業年度の損失の額等で資本等取引以外のもの

ただし、法人税法やその他の法令で別段の定めがある場合は、その定めに従う。

(3) 決算調整

法人の確定した決算における当期純利益は、日々記帳されている取引に、期末における商品等の棚卸高や減価償却資産などの当期償却額の計上などの決算処理を加えて計算されたものである。この決算時点において行われる経理処理を決算調整といい、決算調整を行った後、会社は会計帳簿を締め、申告書を作成することになる。決算調整に該当するものには、以下のものがある。

① **法人が確定した決算で損金経理を行った場合に限り、課税所得の計算上も損金の額に算入されるもの**

　a．減価償却資産・繰延資産の償却費

　b．少額の減価償却資産・少額の繰延資産の損金算入

　c．特別の事由がある場合の資産の評価損

　d．回収不能債権の貸倒損失

　　　注 法律上の貸倒れの場合は、損金処理を行うかどうかに関係なく、損金の額に算入される。

　e．貸倒引当金等の繰入額

　f．交換等により取得した資産の圧縮記帳

なお、損金経理とは、確定した決算において費用、損失として経理することをいう。

② **法人が損金経理または剰余金の処分による経理をしなければ損金算入が認められないもの**

　a．各種準備金の積立額

　b．特別償却準備金積立額

　c．特定資産の買換えにより取得した資産の圧縮記帳

　d．国庫補助金等の特別勘定繰入額

(4) 申告調整

　通常、課税所得金額は、企業会計上の会社の利益とは一致しない〔図表2−27〕。

　なぜなら、企業会計における収益と法人税法における益金、企業会計における費用・損失と法人税法における損金は、必ずしも一致しないからである。たとえば、企業会計では収益に含まれるが、法人税法では益金の額に算入しないこととされているもの（受取配当金、還付法人税など）がある。また、企業会計では費用とされるが、法人税法では一定額を超える部分は損金の額としないこととされているもの（交際費、寄附金など）もある。

　そこで、法人の確定した決算における利益（当期純利益）から、法人税法上の課税所得金額を導くための調整が必要となる。この調整を申告調整という〔図表2−28〕。

課税所得金額

> 決算書の当期純利益＋加算項目（益金算入、損金不算入）−減算項目（益金不算入、損金算入）

〔図表2−27〕会計上の利益と課税所得との関係

減算部分
損金算入
益金不算入

会計上の利益の金額

課税所得の金額

加算部分
損金不算入
益金算入

〔図表2−28〕申告調整のイメージ

企業会計
収益　−　費用　=　当期純利益
30,000　　20,000　　　　10,000

益金算入　500
損金不算入　300　　　損金不算入　＋300
損金算入　100　　　損金算入　▲100
益金不算入　200

益金算入　＋500

益金不算入　▲200

法人税法
益金　−　損金　=　課税所得金額
(30,300)　(19,800)　　　10,500

〈加算項目〉
- 企業会計上は収益ではないが、法人税法上は益金となるもの（益金算入）
- 企業会計上は費用・損失ではあるが、法人税法上は損金とならないもの（損金不算入）

〈減算項目〉
- 企業会計上は収益ではあるが、法人税法上は益金とならないもの（益金不算入）
- 企業会計上は費用・損失ではないが、法人税法上は損金となるもの（損金算入）

申告調整における加算項目（損金不算入となるもの）には、**租税公課**、**交際費**、**寄附金**などがある。減算項目（益金不算入となるもの）には、**受取配当金**、**還付金**などがある。

この手続は実務上、申告に際し法人税の申告書「別表四」（所得の金額の計算に関する明細書）上で、決算利益に**加算**（益金算入、損金不算入）、**減算**（益金不算入、損金算入）することによって行う。

② 税額計算

法人税の計算は、課税所得金額に法人税の税率〔図表2-29〕を乗じて行う。

法人税額

課税所得金額（1,000円未満切捨て）×法人税の税率

法人税では、個人に課せられる所得税と異なり、原則として**23.2％**の**比例税率**を採用しており、所得の増減にかかわりなく一定の税率により課税される。ただし、中小法人（資本金等が1億円以下の法人など）については、**課税所得金額**のうち、**年800万円以下の部分**に**15％の軽減税率**が適用される。

実際に納付する金額は、課税所得金額に法人税の税率を乗じて算出された額に、さらに一定の金額を加算したり差し引いたりして計算する〔図表2-30〕。この納付する税額の計算は法人税の申告書「別表一」によって行う。

③ 地方法人税（国税）

地方法人税は、基準法人税額に一定の税率を乗じて計算し、法人税と同じ時期に申告・

[図表2－29] 法人税の税率

区　分			税　率	
			原則	特例 (※1)
普通法人	大法人		一律 23.2%	—
	中小法人	資本金の額または出資金の額が1億円以下である普通法人 (※2)	年800万円以下の所得金額からなる部分の金額 19%	年800万円以下の所得金額からなる部分の金額 15%
		資本または出資を有しない普通法人（非営利性が徹底された一般社団法人等、公益社団法人等を含む）	年800万円超の所得金額からなる部分の金額 23.2%	年800万円超の所得金額からなる部分の金額 23.2%
人格のない社団等				
協同組合等 (※3)			一律19%	年800万円以下の所得金額からなる部分の金額 15%
公益法人等（学校法人、社会福祉法人、宗教法人、一部の厚生連等）				
特定医療法人				年800万円超の所得金額からなる部分の金額 19%

(※1) 2012年4月1日から2025年3月31日までの間に開始する各事業年度。
(※2) 通常の一般社団法人等、持分の定めのない医療法人等を含む。なお、資本金等の額が5億円以上の親法人等の100％子会社等や100％グループ内の複数の大法人（資本金等の額が5億円以上の法人等をいう）に発行済株式等の全部を保有されている法人、適用除外事業者を除く。
(※3) 特定協同組合等（組合員数が50万人以上等）の年10億円超の所得金額からなる部分の金額に対しては22％。

納付することとされている。地方法人税の申告書は法人税申告書の別表に組み込まれているため、法人税と併せて納税地の所轄税務署長に提出することとなる。

① 納税義務者

　地方法人税の納税義務者は、法人税の納税義務者と同一である。

② 課税事業年度

　地方法人税の課税の対象となる事業年度（以下「課税事業年度」という）は、法人の各事業年度となる。

③ 課税標準

　地方法人税の課税標準は、各課税事業年度の課税標準法人税額となる。

地方法人税の額

> 課税標準法人税額×10.3%

〔図表 2 −30〕法人税の税額計算の流れ

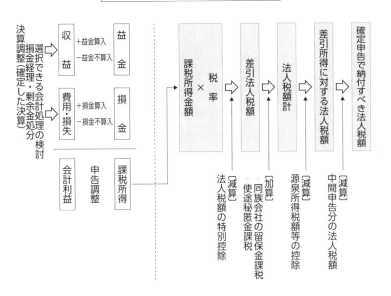

❹ 税額控除・特別償却

法人税法および租税特別措置法等の税額控除・特別償却の制度・特例には、主に次のようなものがある。

（1）所得税額控除

法人が、預金の利子や株式の配当の支払を受ける際、原則として源泉所得税（復興特別所得税を含む）が15.315％差し引かれている。しかし、法人には所得税は課税されないため、法人税法では源泉所得税を法人税の前払として取り扱う。そこで、法人税額から源泉所得税・復興特別所得税を控除する。これを所得税額控除という。

また、預金の利子に対する所得税は、その全額を控除することができるが、たとえば株式の配当のように、元本（この場合は株式）が売買されるものに対する所得税は、原則と

して、法人がその元本を保有していた期間に該当する部分が控除の対象となる（債券等の利子に係るものは按分不要）。

なお、法人税額から控除しきれない金額がある場合は原則として還付される。

一定の内国法人が支払いを受ける次に掲げる配当等については、所得税が課されないこととされ、源泉徴収義務の対象から除外されている。

① 完全子法人株式等（株式等保有割合100％）に該当する株式等に係る配当等

② 配当等の支払に係る基準日において、その内国法人が直接に保有する他の内国法人の株式等の発行済株式等の総数等に占める割合が3分の1超である場合における当該他の内国法人の株式等に係る配当等

（2）外国税額控除

内国法人が日本と租税条約を締結している外国内で生じた所得について、日本の法人税に相当する税金を納付した場合は、国際的な二重課税を排除するため、控除限度額の範囲において外国法人税額を法人税額から控除する。これを外国税額控除という。

（3）中小企業投資促進税制

本制度は、青色申告書を提出する一定の中小企業者等（資本金の額が1億円以下で一定の法人）が、2025年3月31日までに一定の機械装置等を取得等して、事業の用に供した場合に適用される。

具体的には、取得価額（内航船舶は取得価額の75％）の**30％**の特別償却、または取得価額（内航船舶は取得価額の75％）の**7％**の特別税額控除（法人税額の20％相当額が限度。なお、税額控除は、原則、資本金の額等が3,000万円以下の特定中小企業者等のみ適用がある）の選択適用が認められる。

〈中小企業投資促進税制の対象〉

機械装置	取得価額が160万円以上のもの※
製品の品質管理の向上等に資する測定工具および検査工具	取得価額が120万円以上のもの（1台30万円以上かつ、同一事業年度内の合計額が120万円以上のものを含む）
ソフトウェア	取得価額が70万円以上のもの（同一事業年度内の合計額が70万円以上のものを含む）
普通貨物自動車	車両総重量3.5トン以上
船舶	内航海運業用等の船舶

※2023年度税制改正により、コインランドリー業（主要な事業である場合を除く）の用に供する機械装置でその管理の概ね全部を他の者に委託するものが対象から除かれている。

（4）中小企業経営強化税制

　本制度は、中小企業等経営強化法の認定を受けた経営力向上計画に基づき、青色申告法人である一定の中小企業者等が、指定期間（2017年4月1日から2025年3月31日）内に経営力向上設備等を取得等して事業の用に供した場合に適用される。

　具体的には、即時償却または取得価額の **7％**（原則、資本金の額等が3,000万円以下の場合は10％）の税額控除（当期の法人税額の20％を限度）を選択適用することができる。

　対象となる経営力向上設備等は、生産等設備を構成する機械装置、工具、器具備品、建物附属設備および一定のソフトウェアで、経営力の向上に著しく資するもののうち一定規模のものである。

〈経営力向上設備等の類型・要件〉

類型	要件
生産性向上設備（A類型）	生産性が旧モデル比年平均1％以上向上する設備[※1]
収益力強化設備（B類型）	投資利益率が年平均5％以上の投資計画に係る設備
デジタル化設備（C類型）	遠隔操作、可視化、自動制御化のいずれかを可能にする設備
経営資源集約化設備（D類型）	修正ROAまたは有形固定資産回転率が一定以上上昇する設備

※1　生産性向上設備（A類型）の対象設備は、一定期間内に販売されたモデルである必要がある（期間の要件は設備によって異なる）。
※2　2023年度税制改正により、コインランドリー業または暗号資産マイニング業（主要な事業である場合を除く）の用に供する資産でその管理のおおむね全部を他の者に委託するものが対象から除かれている。

（5）研究開発税制

　本制度は、法人が所定の研究開発を行っている場合に、法人税から一定の金額を控除できる制度である。本制度は、次のとおり「試験研究費の総額に係る税額控除制度」「中小企業技術基盤強化税制」「特別試験研究費の額に係る税額控除制度」の3つで構成されている。

　なお、2023年度税制改正により、対象となる試験研究費の範囲が一部変更されている。

- 性能向上を目的としない考案されたデザインに基づく設計・試作を除外
- 既存データを活用したサービス開発は対象に含む

① 試験研究費の総額に係る税額控除制度

　青色申告法人の各事業年度において試験研究費の額がある場合には、以下の税額控除を受けることができる。ただし、その事業年度の法人税額の**25％**相当額（研究開発を行う一定のベンチャー企業は**40％**相当額[（注）]）を限度とする。

注 「研究開発を行う一定のベンチャー企業」とは、設立後10年以内の法人のうち、当期において翌期繰越欠損金額を有するもの（大法人の子会社等を除く）をいう。

a．税額控除額

> 税額控除額＝当期の試験研究費の総額×税額控除率（1〜14％）

　税額控除額は、試験研究費の総額に一定の税額控除率（1〜14％）を乗じて算出される。税額控除率は、増減試験研究費割合に応じて決定される。増減試験研究費割合とは、増減試験研究費の額（当期の試験研究費の額から比較試験研究費の額を減算した金額）の比較試験研究費に対する割合をいう。

注 「比較試験研究費」とは前期以前3年間の試験研究費の額の平均額をいう。

税額控除率の上乗せ

> 上乗せ控除率（上限10％）
> ＝上記の税額控除率（1〜14％）×（試験研究費割合−10％）×0.5

　試験研究費割合（試験研究費の額÷当期以前4年間の平均売上高）が10％を超える場合には、上記算式で算出した控除率が上乗せされる。ただし、上乗せ後の税額控除率は14％が上限となる。

b．控除上限額

> 控除上限額＝当期の法人税額×25％（研究開発を行う一定のベンチャー企業は40％）

控除上限額の上乗せ

> 次のいずれかの金額を控除上限額に上乗せ
> イ）試験研究費割合（試験研究費の額÷当期以前4年間の平均売上高）＞10％
> 　　上乗せ控除上限額（当期の法人税額×10％が上限）
> 　　＝当期の法人税額×（試験研究費割合−10％）× 2
> ロ）増減試験研究費割合＞4％（加算特例）
> 　　上乗せ控除上限額（当期の法人税額×5％が上限）
> 　　＝当期の法人税額×（増減試験研究費割合−4％）×0.625

　上記ロ）加算特例は増減試験研究費割合が4％を超えた場合であるが、逆に増減試験研究費割合が4％を超えて「減少」した場合には、控除上限額は次の算式で算出した金額が「減額」される。

ハ）増減試験研究費割合〉△4％（減算特例）
　　減額される控除上限額（当期の法人税額×5％が上限）
　　＝当期の法人税額×（－増減試験研究費割合－4％）×0.625

② 中小企業技術基盤強化税制

　青色申告書を提出する一定の中小企業者等は、前記①の税額控除に代えて、以下の税額控除を受けることができる。ただし、その事業年度の法人税額の**25％**相当額を限度とする。

a．税額控除額

税額控除額＝当期の試験研究費の総額×税額控除率（12〜17％）

　税額控除額は、試験研究費の総額に一定の税額控除率（12〜17％）を乗じて算出される。税額控除率は、増減試験研究費割合に応じて決定される。増減試験研究費割合とは、増減試験研究費の額（当期の試験研究費の額から比較試験研究費の額を減算した金額）の比較試験研究費に対する割合をいう。

注「比較試験研究費」とは前期以前3年間の試験研究費の額の平均額をいう。

税額控除率の上乗せ

上乗せ控除率（上限10％）
＝上記の税額控除率（12〜17％）×（試験研究費割合－10％）×0.5

　試験研究費割合（試験研究費の額÷当期以前4年間の平均売上高）が10％を超える場合には、上記算式で算出した控除率が上乗せされる。ただし、上乗せ後の税額控除率は17％が上限となる。

b．控除上限額

控除上限額＝当期の法人税額×25％

控除上限額の上乗せ

次のいずれかの金額を控除上限額に上乗せ（当期の法人税額×10％が上限）
イ）増減試験研究費割合〉12％
　　上乗せ控除上限額＝当期の法人税額×10％
ロ）増減試験研究費割合≦12％、かつ、試験研究費割合〉10％
　　上乗せ控除上限額＝当期の法人税額×（試験研究費割合－10％）×2

増減試験研究費割合が12％超の場合には試験研究費割合にかかわらず控除上限額は10％上乗せされる。増減試験研究費割合が12％以下である場合には、試験研究費割合が10％を超えるときに限り、上記ロ）の算式で算出した金額が上乗せされる。

③ 特別試験研究費の額に係る税額控除制度（オープンイノベーション型）

青色申告法人が特別試験研究費の額（前記①または②の制度の適用対象に含めたものを除く）を支出した場合には、前記①または②とは別枠で、以下の税額控除を受けることができる。ただし、その事業年度の法人税額の10％相当額を限度とする。

税額控除額（オープンイノベーション型）

特別試験研究費の総額×20％(※)
(※) 特別研究機関等または大学等と共同して、または委託して行う試験研究の場合は30％。
特別新事業開拓事業者、または国立研究開発法人・国公立大学等の外部化法人と共同して、または委託して行う試験研究の場合は25％。
特別新事業開拓事業者とは、産業競争力強化法の新事業開拓事業者のうち同法の特定事業活動に資する事業を行う会社で、その経営資源がその特定事業活動における高い生産性が見込まれる事業を行うこと、または新たな事業の開拓を行うことに資するものであることその他の基準を満たすことにつき経済産業大臣の証明があるもの（一定要件を満たすものに限る）をいう。

（6）給与等の支給額が増加した場合の法人税額の特別控除

法人が給与等の支給額について所定の増加要件を満たした場合、次の①**大企業向け賃上げ促進税制**②**中小企業向け賃上げ促進税制**のとおり法人税から一定の金額を控除できる。なお、①と②は、同一の事業年度において併用することはできない。

① 大企業向け賃上げ促進税制

2024年4月1日から2027年3月31日まで（それ以前については要件・控除率等が下記と異なる）の間に開始する各事業年度（設立年度を除く）において、青色申告法人が次の要件を満たすとき、控除対象雇用者給与等支給増加額の**最大35％**（10〜25％＋**最大10％**の上乗せ加算）を税額控除することができる。ただし、当期の法人税額の**20％**相当額を限度とする。

〈適用要件〉

● 継続雇用者給与等支給額が前期比 **3％以上**増加していること…3％以上の場合10％、4％以上の場合15％、5％以上の場合20％、7％以上の場合25％

※継続雇用者給与等支給額とは、継続雇用者（当期および前期の全期間の各月分の給与等

の支給がある雇用者で一定の者をいう）に対する給与等の支給額をいう。

- 国内雇用者に対して給与等を支給していること
- 判定の際、雇用調整助成金およびこれに類するものの額は控除しない。

〈上乗せ加算〉

- 教育訓練費の額が前期比10％以上、かつ、教育訓練費が雇用者給与等支給額の0.05％以上増加した場合… 5 ％加算
- プラチナくるみん認定またはプラチナえるぼし認定のいずれかを取得している場合… 5 ％加算

　また、常時使用する従業員の数が2,000人以下（一定のものを除く）の企業を、新たに「中堅企業」と位置付け、適用要件と税額控除は以下のとおりとなる。

〈適用要件〉

　継続雇用者給与等支給額が前期比 **3 ％**以上増加していること… 3 ％以上の場合10％、4 ％以上の場合25％

〈上乗せ加算〉

- 教育訓練費の額が前期比10％以上、かつ、教育訓練費が雇用者給与等支給額の0.05％以上増加した場合… 5 ％加算
- プラチナくるみん認定もしくはプラチナえるぼし認定、またはえるぼし認定（ 3 段階目以上）のいずれかを取得している場合… 5 ％加算

税額控除額

> 控除対象雇用者給与等支給増加額の最大35％
> 当期の法人税額の20％を上限、繰越不可。

　なお、資本金の額等が10億円以上、かつ、常時使用する従業員の数が1,000人以上の法人、または常時使用する従業員の数が2,000人を超える法人は、給与等の引上げ方針、取引先との適切な関係の構築の方針その他の事項（マルチステークホルダー方針）を、インターネットを利用する方法により公表したことを経済産業大臣に届け出ている場合に限り適用できる。

②　中小企業向け賃上げ促進税制

　2024年 4 月 1 日から2027年 3 月31日まで（それ以前については要件・控除率等が下記と異なる）の間に開始する各事業年度（設立年度を除く）において、青色申告法人である一定の中小企業者等が次の要件を満たすとき、控除対象雇用者給与等支給増加額の**最大45％**（**15％または30％＋最大15％**の上乗せ加算）を税額控除することができる。ただし、当期

の法人税額の**20%**相当額を限度とする。また、控除限度超過額は5年間の繰越しができる。

〈一定の中小企業者等〉

- 資本金の額または出資金の額が1億円以下の法人（一定の支配関係のある法人は除く）
- 資本または出資を有しない法人のうち、従業員1,000人以下の法人
- 協同組合等

〈適用要件〉

- 雇用者給与等支給額が前期比**1.5%以上**増加していること…15%
- 雇用者給与等支給額が前期比2.5%以上増加した場合…30%
- 国内雇用者に対して給与等を支給していること
- 判定の際、雇用調整助成金およびこれに類するものの額は控除しない。

〈上乗せ加算〉

- 教育訓練費の額が前期比5%以上、かつ、教育訓練費が雇用者給与等支給額の0.05%以上増加した場合…10%加算
- プラチナくるみん認定、プラチナえるぼし認定、くるみん認定、えるぼし認定（2段階目以上）のいずれか…5%加算

税額控除額

> 控除対象雇用者給与等支給増加額の最大45%
> 当期の法人税額の20%を上限、雇用者給与等支給額が前期を超える場合、5年間の繰越可。

（7）地方拠点強化税制

　本制度は、青色申告書を提出する法人で、2018年4月1日から2026年3月31日までの間に地方活力向上地域特定業務施設整備計画について認定を受けたものが、その認定の日から3年以内に、地方活力向上地域内において、特定建物等（中小企業者は1,000万円以上、中小企業者以外は3,500万円以上のものに限る）の取得等をして、その事業の用に供した場合に適用される。

　具体的には、その取得価額（うち対象となる金額の上限は80億円）の15%（移転型計画である場合には25%）相当額の特別償却または4%（移転型計画である場合には7%）相当額の税額控除の選択適用ができる。ただし、税額控除額については、当期の法人税額の20%相当額を限度とする。

(8) 地方活力向上地域等において雇用者の数が増加した場合の特別控除

本制度は、特定の地域において雇用者の数が増加した場合の税額控除制度（雇用促進税制）のうち、同意雇用開発促進地域に係る措置の廃止に伴い、同制度のうちの地方事業所基準雇用者数に係る措置および地方事業所特別基準雇用者数に係る措置が改組されたものである。

① 概要

公共職業安定所に雇用促進計画の届出をした青色申告法人が、2026年3月31日までの間に開始する各事業年度において、次の要件を満たす場合には、その事業年度の法人税額について税額控除を受けることができる。

② 主な適用要件

適用年度および適用年度開始の日前2年以内に開始した各事業年度において、事業主都合による離職者がいないこと

税額控除額

①、②の合計額
①　地方事業所基準雇用者数のうち、「無期雇用かつフルタイムの要件を満たす新規雇用者数」×30万円（移転型事業の場合は50万円）
②　「地方事業所基準雇用者数から新規雇用者総数（地方事業所基準雇用者数は特定業務施設における特定雇用者の増加数に達するまでの数に限る）を控除した数」×20万円（移転型事業の場合は40万円）

---

(9) 地域未来投資促進税制

本制度は、青色申告書を提出する法人が、2025年3月31日までの間に、都道府県の承認を受けた地域経済牽引事業計画に基づいて、特定地域経済牽引事業施設等を構成する機械装置、器具備品、建物およびその附属設備ならびに構築物の取得等をして、その事業の用に供した場合に適用される。

具体的には、次の特別償却または税額控除の選択適用ができる。ただし、税額控除額については、当期の法人税額の20％相当額を限度とする。

この制度の適用対象法人は、「地域経済牽引事業の促進による地域の成長発展の基盤強化に関する法律」の承認地域経済牽引事業者である青色申告法人とされている。また、この制度の対象となる資産は、特定地域経済牽引事業施設等を構成する事業の用に供されたこ

とのない特定事業用機械等で、その取得価額の合計が2,000万円以上のものとされている。

対象設備	特別償却	税額控除
機械装置・器具備品	40% （一定の要件を満たす場合50%）	4% （一定の要件を満たす場合5%）
建物・附属設備・構築物	20%	2%

(10) 事業継続力強化設備投資促進税制（特別償却のみ）

　本制度は、青色申告書を提出する一定の中小企業者が次の要件を満たすとき、下記の特定事業継続力強化設備等の取得等を対象に、その取得価額の18%（2025年4月1日以前取得の資産は16%）相当額を特別償却できる制度である。

① 適用要件

　a．経済産業大臣から改正中小企業等経営強化法の事業継続力強化計画または連携事業継続力強化計画の認定を受けること

　b．2019年7月16日から2025年3月31日までの間に、a．の認定に係る特定事業継続力強化設備等（防災・減災設備）の取得等をして、事業の用に供すること

② 対象となる特定事業継続力強化設備等（防災・減災設備）

対象設備	具体例	取得価額の要件
機械装置	自家発電機、排水ポンプ等	1台または1基の取得価額が100万円以上
器具備品	制震・免震ラック、衛星電話、感染症対策用サーモグラフィ、UPS等	1台または1基の取得価額が30万円以上
建物附属設備	止水板等	一の取得価額が60万円以上

(11) オープンイノベーション促進税制

　本制度は、青色申告法人で特定事業活動を行うもの（対象法人）が、一定のベンチャー企業（特別新事業開拓事業者）の株式（特定株式）を取得した場合の特例である。適用を受けるためには、対象法人は2020年4月1日から2026年3月31日までの間に特定株式を取得し、その取得事業年度末まで保有している必要がある。

　特例の適用を受けると、対象法人は、その株式の取得価額（2023年4月1日以降の出資分から1件当たり50億円が限定）の**25%**以下の金額を特別勘定として経理したときは、その金額を損金算入することができる。損金算入額は、事業年度の所得金額（125億円を超える場合は125億円）が上限となる。

　なお、この適用を受けた対象法人等が、特定株式を取得した日から3年以内に譲渡した

場合や配当の支払を受けた場合等の取り消し事由に該当した場合は、その事由に応じた金額を益金に算入しなければならない。

① **特別新事業開拓事業者の適用要件**
- 特定事業活動に資する事業を行う法人であること
- 設立後10年未満※であること（新設法人を除く）
※売上高に占める研究開発費の額の割合が10％以上の赤字会社は15年未満

② **特定株式の適用要件**
- 資本金の増加に伴う払い込みにより交付される株式であること
- 一定の要件を満たすことについて経済産業大臣の証明があること
- 払込金額が以下の要件を満たすこと

対象法人	払込金額（上限50億円）
中小企業者	1,000万円以上
中小企業者以外	1億円以上

（※）外国法人への払込金額は5億円以上が対象となる。

　なお、2023年度税制改正により、新規発行株式だけではなく、既存発行株式を購入した場合も、議決権の過半数を有することを要件に適用対象とされることとなっている（投資金額5億円以上200億円以下）。

(12) 5G 投資促進税制

　本制度は、一定の青色申告法人が、「特定高度情報通信技術活用システムの開発供給及び導入の促進に関する法律」の導入計画に基づいて、認定特定高度情報通信技術活用設備の取得等をした場合に、特別償却または税額控除ができる制度である。適用を受けるためには、2020年8月31日から2025年3月31日までの間に、対象設備を取得して国内にある事業の用に供する必要がある。

　適用を受けると、対象設備の取得価額の**30％**の特別償却と一定の率（事業の用に供した時期により異なる）の税額控除（当期の法人税額の20％が上限）との選択適用ができる。

(13) デジタルトランスフォーメーション（DX）投資促進税制

　本制度は、青色申告法人で、産業競争力強化法の事業適応計画について認定を受けたものが、同法改正法施行日から2025年3月31日までの間に、情報技術事業適応の用に供するために特定ソフトウェア等を取得等して、国内にある事業の用に供した場合に適用される。

具体的には、取得価額の**30%**の特別償却、または取得価額の **3 %**（グループ外の事業者とデータ連携する場合は 5 %）の税額控除を選択適用することができる。

対象資産	特別償却	税額控除
● ソフトウェア ● ソフトウェアの利用に係る費用（繰延資産） ● ソフトウェアとともに事業適応の用に供する機械装置、器具備品（開発研究用資産を除く）	取得価額×30%	取得価額× 3 % （グループ外の事業者とデータ連携する場合は 5 %） なお、カーボンニュートラルに向けた投資促進税制による税額控除と合わせて当期の法人税額の20%が上限となる。

（※）対象資産の取得価額および対象繰延資産の額の合計額のうち、本制度の対象となる金額は、300億円が上限となる。

(14) カーボンニュートラルに向けた投資促進税制

本制度は、2026年 3 月31日までの間に青色申告法人で、産業競争力強化法の中長期環境適応計画について認定を受けたものが、認定日から 3 年以内に、生産工程効率化等設備の取得等をして、国内にある事業の用に供した場合に適用される。

具体的には、取得価額の**50%**の特別償却、または取得価額の 5 〜14%の税額控除を選択適用することができる。

対象法人	炭素生産性向上率	税制措置
中小企業者	17%以上	特別償却50%・税額控除14%
	10%以上17%未満	特別償却50%・税額控除10%
上記以外の法人	20%以上	特別償却50%・税額控除10%
	15%以上20%未満	特別償却50%・税額控除 5 %

※投資額は、500億円までとなる。控除税額は、DX 投資促進税制と合計で法人税額の20%までとなる。

(15) 特定税額控除規定の不適用措置

大企業（中小企業者または農業協同組合等以外の法人）が、2027年 3 月31日までの間に開始する各事業年度において、以下の①、②のいずれにも該当しない場合には、その事業年度については、生産性の向上に関連する税額控除（研究開発税制、地域未来投資促進税制、5G 投資促進税制、DX 投資促進税制、カーボンニュートラルに向けた投資促進税制）の規定が適用できない。ただし、その所得の金額が前期の所得の金額以下の一定の事業年度にあっては、適用できる。この措置は、所得が増加しているにもかかわらず、賃上げまたは設備投資に消極的な大企業に、一定の税額控除規定の適用を停止するというものである。

① 継続雇用者給与等支給額が継続雇用者比較給与等支給額を超えること。ただし、資本金の額等が10億円以上かつ常時使用する従業員の数が1,000人以上で、前事業年度に所得が発生している法人、または常時使用する従業員2,000人を超える場合および前事業年度の所得の金額が零を超える一定の場合のいずれかに該当する法人については、継続雇用者給与等支給額の継続雇用者比較給与等支給額に対する増加割合が1％以上であること。

（金額の算定にあたっては、雇用調整助成金およびこれに類するものの額（看護職員処遇改善評価料および介護職員処遇改善加算その他の役務の提供の対価の額を含まない）を控除しない）

② 国内設備投資額が減価償却費の総額の**30％**を超えること。

なお、前年度が黒字の大企業（資本金10億円以上かつ従業員数1,000人以上、または、従業員数2,000人超）の場合は、国内設備投資額が減価償却費の総額の40％を超えること。

(16) 地方創生応援税制（企業版ふるさと納税）

青色申告法人が、地域再生法に規定する認定地方公共団体に対して、当該団体が行った「まち・ひと・しごと創生寄附活用事業」に関連する寄附金（特定寄附金）を支出した場合、法人税、法人住民税、法人事業税について一定の税額控除を受けることができる。寄附金額は、1回当たり10万円以上のものが対象とされる。

ただし、法人がその主たる事務所または事業所の所在する地方公共団体に対して支出した寄附金は、対象とならない。なお、寄附を行った法人が、その代償として地方公共団体から一定の供与を受けることは認められていない。

本制度は損金算入による軽減効果（約3割）とあわせると、税の軽減効果が最大約9割となる〔図表2－31〕。適用期限は、2025年3月31日の支出までとされている。

〔図表2－31〕地方創生応援税制の税額控除割合（改正前・後の比較）

	税の軽減効果
法人住民税	寄附額の4割
法人税	寄附額の1割を限度とし、法人住民税で4割に達しない場合、その残額
法人事業税	寄附額の2割

❺ 申告と納付

　法人税の確定申告書は、決算書、内訳明細書、事業概況報告書などの添付書類とともに、提出期限内に提出する。提出期限は、事業年度終了の日の翌日から**2カ月以内**である〔**図表2−32**〕。ただし、定款等の定めまたは特別の事情により期末の日の翌日から2カ月以内に決算が確定しないときは、申請により、原則として1カ月間（一定の場合には最長4カ月間）提出期限が延長される。納付期限は、あくまでも事業年度終了の日の翌日から2カ月以内であるため、納付期限後の納付には利子税が課される。このため、多くの法人は、事業年度終了の日の翌日から2カ月以内に見込納付を行なっている。

　税負担のうえで有利となるものには、欠損金の損金算入、繰延資産の償却、貸倒引当金、特別償却、寄附金の損金算入、受取配当金の益金不算入などがあるが、これらはそれぞれの別表を添付しないと損金算入等が認められない。

　なお、事業年度開始時点で資本金の額等が1億円を超える法人等は、申告書および添付書類のすべてについて**電子申告が義務化**されている。

　期限内に確定申告書を提出せず、税務調査が行われた場合は、原則として納付税額の15％（50万円を超える分については20％）の無申告加算税が加算される。また、2事業年度連続しての期限後申告は、青色申告の承認の取消しの対象となる。なお、法定申告期限から1カ月以内に申告が行われ、かつ、納付税額の全額が法定納期限までに納付されているなど、期限内申告書を提出する意思があったと認められる場合には、無申告加算税は課税されない。

　なお、支払を受ける利子・配当等に係る所得税額は、法人税額から控除しきれなかった部分は還付される。また、確定申告にあたり、控除されるべき中間申告について控除不足額があるときは還付される。

(1) 中間申告

　普通法人は、事業年度が6カ月を超える場合は、事業年度開始の日から6カ月を経過した日から**2カ月以内**に、中間申告書を提出しなければならない。

　中間申告による納付の期限は、中間申告書の提出期限までである。

　中間申告には2つの方法があり、任意に選択できる。なお、中間申告書を期限内に提出しなかったときは、前年度実績による中間申告をしたものとみなされる（みなし申告）。

〔図表 2 −32〕決算から申告までのスケジュール（例）

（事業年度が2024年 4 月 1 日から2025年 3 月31日の場合）

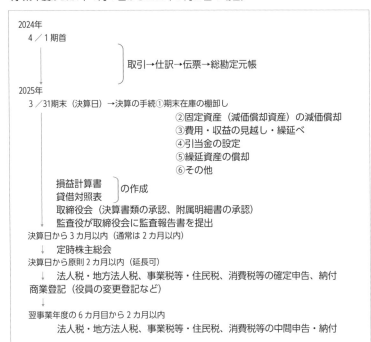

①　前年度実績による中間申告

　次の算式による金額を、中間申告の税額として申告する。この算式による税額が10万円以下のときは中間申告を要しない。

中間申告の税額

$$前事業年度分の法人税額 \times \frac{6}{前事業年度の月数}$$

②　仮決算による中間申告

　中間申告書を提出すべき法人が、その事業年度開始の日以後 6 カ月の期間を 1 事業年度とみなして仮決算を行った場合は、それに基づいて所得を計算し税額を算定して申告することができる。

　なお、次の場合には、仮決算による中間申告書を提出できない。

　a．**前期基準額**（前事業年度の確定法人税額を前事業年度の月数で除し、これに 6 を乗じて計算した金額）が**10万円以下**である場合

　b．**仮決算**による**中間税額**が**前期基準額**を**超える**場合

　確定申告により中間税額が還付される場合には「還付加算金」が付加されるため、意図的な還付加算金の受取を防止する狙いがあると考えられる。

（2）修正申告、更正

　既に提出した確定申告書に記載した税額が過少であったり、欠損金額が過大であったり、還付金額が過大であったときは、税務署長の更正があるまでは、修正申告書を提出することができる。修正申告をした場合には、その追加税額に対して延滞税が課され、また、それぞれの場合に応じて無申告加算税や過少申告加算税などが課されることがある。

　また、既に提出した確定申告書または修正申告書に記載した税額が過大であったり、所得金額が過大であったり、還付金額が過少であったときは、原則として法定申告期限から 5 年以内に限り、税務署長に対し、更正の請求をすることができる。

（3）青色申告

　法人税にも、所得税と同じく青色申告の制度がある。

① 青色申告の要件

　a．青色申告を受けようとする事業年度開始の前日、新設法人は設立した日以後 **3 カ月**を経過した日と**設立後最初の事業年度終了の日**とのうちいずれか早い日の前日までに「青色申告承認申請書」を提出すること

　b．法定の帳簿書類を備え付けて取引を記録し、かつ、保存すること

② 青色申告の特典

a．繰越欠損金

　各事業年度開始の日前**10年**（2018年 3 月31日以前に開始した事業年度において生じた欠損金額については 9 年）以内に開始した事業年度において生じた欠損金額がある場合は、各事業年度の所得金額の計算上、繰越欠損金のうち一定金額を損金の額に算入する。

　青色申告書を提出する事業年度に発生した欠損金額については、原則として、繰越控除をする事業年度の控除前の所得金額の100％を控除することができず、2018年 4 月 1 日以後に開始する事業年度の場合、控除限度割合は原則として**50％**である（中小法人等その他一定の法人には最大100％の控除が認められている）。

b．欠損金の繰戻還付

　欠損金額がある場合（注）は、前事業年度に繰り戻すことができる。ただし、この措置は2026年 3 月31日までは、原則としてその適用が停止されている。

注 法人に欠損金が生じた場合、その欠損金を前期に繰り戻して税額の還付を受けることは、原則として認められていないが、次の場合は例外的に還付の請求をすれば、既に納付済みの法人税額の還付を受けることができる。

《繰戻還付不適用除外措置が認められる場合》
ⅰ．解散等があったときに特例として繰戻還付が認められる場合
ⅱ．次の中小法人等に欠損金が生じた場合（資本金等の額が 5 億円以上の親法人等の100％子会社等や100％グループ内の複数の大法人に発行済株式等の全部を保有されている法人を除く）
　・普通法人のうち事業年度終了時において資本金の額もしくは出資金の額が 1 億円以下であるもの、または資本もしくは出資を有しないもの
　・公益法人等、協同組合等
　・人格のない社団等

c．固定資産の特別償却、割増償却

　中小企業者等の機械等の特別償却、優良賃貸住宅および特定開発建築物の割増償却など

d．各種準備金の積立て

e．各種税額控除

f．推計課税（帳簿調査に基づかない更正）の禁止　など

実務上のポイント

- 法人税の納税地に異動があった場合、異動届出書を異動前の納税地の所轄税務署長に提出する必要がある。
- 法人税の各事業年度の所得の金額は、企業会計上の利益（当期純利益）の額に、法人税法による加算・減算などの所定の申告調整を行って算出する。
- 中小法人に対する法人税の税率は、課税所得金額のうち年800万円以下の部分については15％の軽減税率が適用される。
- 新たに設立された法人が青色申告を行う場合、設立の日から3カ月を経過した日と、設立後最初の事業年度終了日とのうち、いずれか早い日の前日までに「青色申告承認申請書」を提出しなければならない。

〈給与等の支給額が増加した場合の法人税額の特別控除〉

- 大企業向け賃上げ促進税制
  青色申告法人が「継続雇用者給与等支給額が前期比3％以上増加していること」等の要件を満たすとき、控除対象雇用者給与等支給増加額の最大35％（10〜25％＋最大10％の上乗せ加算）を税額控除することができる。
- 中小企業向け賃上げ促進税制
  青色申告法人である一定の中小企業者等が「雇用者給与等支給額が前期比1.5％以上増加していること」等の要件を満たすとき、控除対象雇用者給与等支給増加額の最大45％（15％または30％＋最大15％の上乗せ加算）を税額控除することができる。

〈地方創生応援税制（企業版ふるさと納税）〉

- 本税制は、地方公共団体が行う「まち・ひと・しごと創生寄附活用事業」に関連して法人が支出する寄附金のうち、寄附1回あたり10万円以上のものが対象となる。
- 法人がその主たる事務所または事業所の所在する地方公共団体に対して支出した寄附金は、本税制の対象とならない。
- 本税制の適用を受けた法人は、法人税、法人住民税、法人事業税の合計で、寄附額の6割に相当する額の税額控除を受けることができる。

第**5**節

益金

❶ 受取配当等の益金不算入

(1) 内国法人

　法人が内国法人から、剰余金の配当、利益の配当、剰余金の分配を受けた場合、企業会計では収益に計上されるが、法人税法では原則として収益に計上した配当等のうち、一定の金額は課税所得金額の計算上、益金の額に算入しない。また、関連法人株式等に係る配当等を受けた場合において支出した負債利子がある場合は、益金不算入の受取配当等からそれらに対応する部分の負債利子額を控除しなければならない。

区分	持株割合^(※)	不算入割合	負債利子控除
完全子法人株式等	100%	100%	×
関連法人株式等	3分の1超		○
その他の株式等	5％超	50%	×
非支配目的株式等	5％以下	20%	

（※）株式の区分の判定は、100％グループ内の法人全体の持株割合で判定する。

　受取配当等の益金不算入額は次のように計算される。

受取配当等の益金不算入の額

受取配当等の益金不算入の額＝①＋②＋③＋④
① 「完全子法人株式等」に係る配当等の額
　　完全子法人株式等とは、株式等保有割合が100％である内国法人の株式等をいう。
② 「関連法人株式等」に係る配当等の額－控除する負債利子[(※)]

　　関連法人株式等とは、株式等保有割合が$\frac{1}{3}$超100％未満である内国法人の株式等をいう。

（※）控除する負債利子＝その事業年度に受ける関連法人株式等に係る配当等の額×4％
　　　　（その事業年度の負債利子の額×10％が上限）
③ 「その他の株式等」に係る配当等の額×50％

　　その他の株式等とは、株式等保有割合が5％超$\frac{1}{3}$以下である内国法人の株式等をいう。

④ 「非支配目的株式等」に係る配当等の額×20％
　　非支配目的株式等とは、株式等保有割合が5％以下である内国法人の株式等をいう。

（2）外国子会社

　内国法人が外国子会社から受ける配当等の額について、その内国法人の各事業年度の所得金額の計算上、益金不算入とする。

注1 外国子会社とは、内国法人が外国法人の25％以上の発行済株式等を、配当等の支払義務確定日前6カ月以上引き続き直接保有している場合のその外国法人をいう。

注2 益金不算入とする金額は、剰余金の配当等の額の5％相当額を控除するものとし、配当等に課される外国源泉税額は、原則として損金不算入とするとともに、外国税額控除の対象としない。

注3 外国子会社から受ける剰余金の配当等の額について、配当等の額の全部または一部が、外国子会社の本店所在地国等の法令において、当該外国子会社の所得の金額の計算上損金の額に算入することとされている配当等の額に該当する場合、その配当等の額は、外国子会社配当益金不算入制度の適用対象から除外される。

注4 50％超の株式等を保有する子会社（特定関係子会社法人）から、株式等の帳簿価額の10％相当額を超える配当を受けた場合は、その配当等の金額のうち益金不算入相当額は、その株式等の帳簿価額から引き下げる（子会社株式簿価減額特例）。

② 還付金の益金不算入

　法人税、地方法人税、道府県民税、市町村民税は課税所得金額の計算上、損金の額に算入しないため、これらの還付金は益金の額に算入しない。

　なお、**還付加算金**および事業税の還付金は益金算入となる。

❸ 受贈益および債務免除益

　法人が他の者から金銭や物品または固定資産などの贈与を受けたり、経済的な利益の供与を受けたりした場合、原則として、その**時価**に相当する金額を受贈益として、その期の**益金の額に算入**する。また、時価に比べ**低額**で**資産の譲渡を受けたり**、役務の提供を受けた場合は、時価と実際の対価との差額を受贈益として**益金の額に算入**する。

　法人が**債務の免除**を受けたときも、原則として、その免除額を債務免除益として**益金の額に算入**する。

実務上のポイント

- ・完全子法人株式等に係る配当の額は、その全額が益金不算入となる。
- ・法人税の還付加算金は、その全額が益金算入となる。
- ・法人が行った資産の販売または譲渡に係る収益の額は、原則として、その資産の引渡し時点の時価に相当する金額により、引き渡した日の属する事業年度の益金の額に算入する。
- ・法人が個人から債務の免除を受けた場合、その免除された債務の金額は、原則として、益金の額に算入する。

第6節

損金

❶ 棚卸資産

棚卸資産とは、販売を目的として保有される商品、製品、仕掛品、原材料などをいう。各事業年度の棚卸資産の販売については、売上原価（費用・損金）が計上される。売上原価（費用・損金）と棚卸資産の関係は以下のようになる。

売上原価

期首棚卸高＋当期仕入高－期末棚卸高

棚卸資産について、所得金額の計算上、損金の額に算入する売上原価の算定の基礎となる期末棚卸高の評価方法は、6種類の原価法と低価法のうちから、選定することができる。

① **原価法**

原価法とは、個別法、先入先出法、総平均法、移動平均法、最終仕入原価法、売価還元法の6種類のうち、いずれか1つの方法によって評価する方法である。

② **低価法**

低価法とは、原価法のうちあらかじめ選定したいずれかの方法で計算した評価額と期末における時価とを比較して、いずれか低い価額によって評価する方法である。

③ **評価方法の届出・変更**

法人は、設立の日の属する事業年度の確定申告書の提出期限までに棚卸資産の評価方法のうちいずれかを選定して、納税地の所轄税務署長に届け出なければならない。届出をしなかった場合は、最終仕入原価法による原価法（法定評価方法）により評価する。

棚卸資産の評価方法を変更する場合は、その期の開始日の前日までに納税地の所轄税務署長に承認申請書を提出し承認を受ける必要がある。

〔図表 2 −33〕 有価証券の評価方法

有価証券の区分		帳簿価額	期末評価
売買目的有価証券		移動平均法 または 総平均法	時価法
売買目的外 有価証券	満期保有目的等 有価証券		原価法（償還期限および償還 金額の定めのあるものについ ては償却原価法）
	その他 有価証券		

② 有価証券

　有価証券の一単位あたりの帳簿価額の算出方法には、原則として移動平均法と総平均法があり、有価証券の種類ごとに評価方法を選定して届け出ておく必要がある。届出をしなかった場合は、移動平均法により評価する〔図表 2 −33〕。

　なお、①売買目的の有価証券については、時価により事業年度末の評価を行い、②売買目的以外で償還期限と償還金額のあるものについては、帳簿価額と償還金額の差額をその取得時から償還時までの期間に配分して益金または損金の額に算入する。また、低価法は選定できない。

　法人がその売買目的有価証券について計上した評価益または評価損は、その事業年度の益金の額または損金の額に算入されるが、売買目的有価証券について計上した評価益または評価損に相当する金額は、翌事業年度において以下のとおり戻入れを行う（洗替方式）。

- 評価益の益金算入→（翌事業年度）評価益相当額の損金算入
- 評価損の損金算入→（翌事業年度）評価損相当額の益金算入

③ 減価償却

(1) 減価償却資産の範囲と償却方法

　法人税法上、**損金の額に算入される金額**は、法人が減価償却費として損金経理した金額のうち、**償却限度額以下**の金額である（限度額以下であれば任意）。その償却額が損金の額に算入される減価償却資産は、次のとおりである。

① 有形減価償却資産

建物、建物附属設備、構築物、機械装置、車両運搬具、工具器具備品　など

② 無形減価償却資産

鉱業権、特許権、営業権、水道施設利用権、ソフトウェア　など

③ 生物

牛、馬、豚、りんご樹、茶樹　など

　減価償却の方法には、以下の定額法や定率法など（2007年 3 月31日以前に取得し、かつ、事業の用に供した場合は、旧定額法や旧定率法など）があり資産の種類ごとに選択しなければならない。なお、2016年 4 月 1 日以後に取得する建物附属設備および構築物ならびに鉱業用の建物については、定率法が廃止されている〔図表 2 −34〕。

　償却方法が 2 以上ある場合は、設立事業年度の確定申告書の提出期限までに、資産または設備の種類ごと、事務所または事業所ごとに償却方法を選定できる。

　2016年 4 月 1 日以後に取得した減価償却資産について、いずれの選択もしないときは、以下の法定償却方法により償却することになる。

　③　有形減価償却資産……**定率法**

　④、⑤　鉱業用減価償却資産……生産高比例法

　⑦　鉱業権……生産高比例法

　定額法、定率法とも減価償却費として損金の額に算入される額は耐用年数分を合計すれば同額であるが、定率法のほうが早期に多額の減価償却費を計上できる。法人税等の負担

〔図表 2 −34〕減価償却資産の償却方法

資産の区分	2016年 3 月31日 以前取得分	2016年 4 月 1 日 以後取得分
①建物（⑤を除く）	定額法[※]	
②建物附属設備、構築物（⑤を除く）	定率法、定額法	定額法
③有形減価償却資産（①、②、④、⑤を除く）	定率法、定額法	
④鉱業用減価償却資産（⑤を除く）	定率法、定額法、生産高比例法	
⑤鉱業用減価償却資産のうち建物、建物附属設備、構築物	定率法、定額法 生産高比例法	定額法 生産高比例法
⑥無形固定資産、生物	定額法	
⑦鉱業権	定額法、生産高比例法	
⑧リース資産（所有権移転外リース契約）	リース期間定額法	

（※）1998年 3 月31日までに取得した建物の場合、旧定率法を選択することも可能である。

軽減（決算対策）の観点からは、できるだけ多くの減価償却費を計上し、早く償却するほうが一般的に有利になる。

　なお、選定した償却方法を変更する場合は、その変更しようとする事業年度開始の日の前日までに納税地の所轄税務署長の承認を受けなければならない。

（2）取得価額が少額の減価償却資産についての特例

　取得価額が少額の減価償却資産については、以下のとおり特別の取扱いがある〔図表2－35〕。なお、①②とも、貸付の用に供したもの（主要な事業として行われる場合を除く）は対象とならない。

①　少額の減価償却資産および少額減価償却資産

　法人が取得した減価償却資産については、それを除却するまでの間は減価償却により費用（損金）となるが、ａ．使用可能期間が1年未満のもの、ｂ．取得価額が10万円未満（ｃ．青色申告者である一定の中小企業者等については2003年4月1日から2026年3月31日までは30万円未満）のものは減価償却の方法によらないで事業の用に供した事業年度に、全額を損金経理により損金の額に算入することができる（ａ．ｂ．は「少額の減価償却資産」、ｃ．は「少額減価償却資産」）。ただし、ｃ．においては、適用を受ける事業年度における取得価額の合計額が年300万円までに制限され、年300万円を超える部分に係る減価償却資産は少額減価償却資産の対象外とされる。

　また、連結法人および常時使用する従業員の数が500人を超える法人およびe -Tax義務化対象法人のうち常時使用する従業員の数が300人を超える法人は適用対象外となっている。

②　一括償却資産

　法人が取得した減価償却資産で取得価額が20万円未満であるものを事業の用に供した場合は、その20万円未満の資産（上記①により損金経理したものを除く）の合計額を、原則として3年間で損金経理により損金の額に算入することができる。なお、事業年度の中途

〔図表2－35〕減価償却資産の償却の取扱い

取得価額		取　扱　い
20万円以上		資産計上（通常の償却）
20万円未満 10万円以上	選択	資産計上（通常の償却）
		一括償却（3年均等償却）
10万円未満	選択	資産計上（通常の償却）
		一括償却（3年均等償却）
		全額損金

（※）青色申告者である中小企業者等は30万円未満の減価償却資産について事業の用に供した事業年度に全額損金算入することができる（ただし、取得価額の合計額が年300万円以下の部分）

で取得した場合でも、月割計算の必要はなく、3年以内に除売却した場合でも、帳簿価額を一時の損金とすることはできず、損金算入限度額は取得価額の3分の1となる。

(3) 特別償却等

前述の取得価額が少額の減価償却資産の取扱いのほかに、減価償却の特例として①特別償却、②耐用年数の短縮、③増加償却などがある。

これらの特例は、減価償却費として損金の額に算入される額のトータルは同額であるが、これらの特例の適用を受けると早期に多額の減価償却費を計上できるものである。

減価償却の特例の内容は次のとおりである。

① 特別償却

特定の設備を取得して事業の用に供した場合は、普通償却額のほかに特別償却額(取得価額等に一定の割合を乗じた金額)を損金の額に算入することができる。

② 耐用年数の短縮

法定耐用年数と比較して一定の事由が生じたこと等の理由によりその実際の使用可能期間が法定耐用年数よりおおむね10%以上短くなる場合は、税務署の承認を受けて耐用年数を短縮できる。

③ 増加償却

機械装置について、実際の使用時間(1日あたり)が標準的な使用時間(1日あたり)を著しく超えるため損耗が著しいときは、税務署に届出書を提出して増加償却をすることができる。

❹ 修繕費・資本的支出

固定資産の修理・修繕のための費用は、原則として、その全額をその事業年度の損金の額に算入でき、有効に活用すれば法人税等の軽減(決算対策)になる。

ただし、その支出時の損金とされる修繕費と、固定資産の取得価額に加算されて減価償却により損金とされる資本的支出とに区分され、この区分が重要となる。

修繕費、資本的支出は、それぞれ次のものが該当する。

(1) 修繕費

法人が固定資産の修理・改良等のために支出した金額のうち、固定資産の通常の維持・

管理および原状回復のため等の支出については修繕費とされる。修繕費は支出した事業年度の一時の損金とされる。

(2) 資本的支出

法人が固定資産の修理・改良等のために支出した金額のうち、固定資産の使用可能期間の延長、または価値の増加をもたらすような支出については資本的支出とされる。資本的支出は固定資産の取得価額に加算され、その支出した事業年度の一時の損金とはされず、減価償却をすることにより損金の額に算入される。

なお、具体的に使用可能期間延長部分や価値増加部分を算出することは容易ではないため、修繕費と資本的支出の区分については、実務上、通達に定める一定の基準に従って処理することが一般的である。また、災害に伴って支出する金額の修繕費と資本的支出の区分についても、別途異なる通達があるため、注意が必要である。

❺ 繰延資産

法人が支出する費用のうち、その支出の効果が1年以上に及ぶものは繰延資産として計上し、原則として、その支出の効果の及ぶ期間を基礎として償却する。

すなわち、法人税法上の繰延資産(権利金等)は、月数按分(その事業年度の月数÷その支出の効果の及ぶ期間の月数)により均等償却しなければならない〔図表2-36〕。ただし、旧商法施行規則35条から40条に規定する繰延資産については、一時償却が認められる。

❻ 給与

法人が支給する給与は、税務上、賞与および退職給与を含めて給与とされ、支給を受ける者が役員か使用人かにより取扱いが異なる。

(1) 役員の範囲

法人税法上の役員とは、法人の取締役、執行役、監査役、理事、監事、清算人、会計参与、その他使用人以外の者で法人の経営に従事している者をいう。

〔図表2-36〕主な法人税法上の繰延資産の償却期間

種類	区分	償却期間
公共的施設の負担金	施設が負担者によってもっぱら使用されるものである場合	施設の耐用年数×$\frac{7}{10}$
	その他の場合	施設の耐用年数×$\frac{4}{10}$
共同的施設の負担金	施設が負担者または構成員の共同の用に供される場合または協会等の本来の用に供される場合	施設の耐用年数×$\frac{7}{10}$（土地の取得に充てられる部分は45年）
	負担者の共同の用に供されるとともに、一般公衆の用にも供される場合	原則として5年
建物を賃借するために支出する権利金等	建物の新築にあたり賃借部分の建設費の大部分の権利金を支払い、かつ、事実上建物のある限り賃借できる場合	建物の耐用年数×$\frac{7}{10}$
	借家権を転売できる場合	建物の見積残存耐用年数×$\frac{7}{10}$
	その他の場合	原則として5年
ノウハウの頭金等		原則として5年
広告宣伝用資産の贈与費用		資産の耐用年数×$\frac{7}{10}$（最長5年）
その他	スキー場のゲレンデ整備費用	12年
電子計算機等の賃借に伴って支出する費用		機器の耐用年数×$\frac{7}{10}$（賃借期間を超えるときはその賃借期間）

　また、同族会社の場合には、会社の経営に従事している者のうち、特定株主に該当している者は、形式上使用人となっていても法人税法上役員とみなされ、使用人兼務役員の取扱いも受けられない（みなし役員）。

(2) 損金算入される役員給与

　役員給与のうち、業績連動給与に該当しない退職給与、使用人兼務役員給与のうち使用人としての職務に対するものは、原則として損金の額に算入される。また、これら以外の役員給与のうち、次の定期同額給与、事前確定届出給与、業績連動給与のいずれかに該当する場合は、損金の額に算入される。

　なお、これら給与に該当した場合でも、法人が事実を隠ぺい、または仮装して経理を行い役員に対して支給する給与や、不相当に高額な部分の金額は損金の額に算入されない。

① 定期同額給与

定期同額給与とは、その支給時期が1カ月以下の一定の期間ごとである給与（定期給与）で、その事業年度の各支給時期における支給額または支給額から源泉税等の額を控除した金額（手取り額）が同額であるものをいう。

定期同額給与は、その事業年度中の支給額（または手取り額）が同額で変わらないことが原則であるが、事業年度中の改定についても、次の要件に該当するものは定期同額給与として損金算入が認められている。

a. 3月経過日等までにされた定期給与の額の改定

これは、その事業年度開始の日の属する会計期間開始の日から3カ月以内に給与改定された場合で、その改定前の各支給時期の支給額が同額で、改定後の各支給時期の支給額が同額であれば定期同額給与として損金算入が認められる。つまり、株主総会で改定が行われることを前提に、それ以前とそれ以後それぞれで支給額が同額であれば定期同額給与に該当することになる〔図表2−37〕。

b. 臨時改定事由による定期給与の額の改定

臨時改定事由とは、その事業年度における役員の職制上の地位の変更、職務の内容の重大変更その他これに類するやむを得ない事情をいう。

この臨時改定事由により給与改定がされた場合で、その改定前の各支給時期の支給額が同額で、改定後の各支給時期の支給額が同額であれば定期同額給与として損金算入が認められる。

なお、上記a.による給与改定以降に、臨時改定事由による給与改定が行われた場合、上記a.による給与改定後から臨時改定事由による給与改定前までの各支給時期の支給額が同額で、臨時改定事由による改定後の各支給時期の支給額が同額であれば定期同額給与に該当することになる〔図表2−38〕。

c. 業績悪化改定事由による定期給与の額の改定

その事業年度において経営の状況が著しく悪化したことその他これに類する理由によりされた給与改定（定期給与の減額改定に限る）で、その改定前の各支給時期の支給額が同額で、改定後の各支給時期の支給額が同額であれば定期同額給与として損金算入が認められる〔図表2−39〕。

経営状況が著しく悪化していないにもかかわらず利益調整等のため減額改定をした場合は、定期同額給与に該当せず損金算入が認められないことも考えられる。

また、上記a.b.の給与改定後であっても業績悪化改定事由に該当すれば、この給与改定前（他の給与改定後）の各支給時期の支給額が同額で、改定後の各支給時期の支給

〔図表 2 −37〕 定期同額給与の判定①

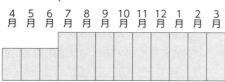

3月決算法人の場合
　株主総会による給与改定（増減とも可）

6月以前、7月以後それぞれが定期同額給与に該当

〔図表 2 −38〕 定期同額給与の判定②

3月決算法人の場合
　臨時改定事由による給与改定（増減とも可）

・7月に株主総会による給与改定
・11月に代表取締役に就任したこと（臨時改定事由）により給与改定
・4月〜6月、7月〜10月、11月以後それぞれが定期同額給与に該当

〔図表 2 −39〕 定期同額給与の判定③

3月決算法人の場合
　著しい経営悪化による給与改定（減額のみ可）

11月以前、12月以後それぞれが定期同額給与に該当

額が同額であれば定期同額給与に該当することになる。

② 　事前確定届出給与

　事前確定届出給与とは、その役員の職務につき、所定の時期にイ）確定した額の金銭、ロ）確定した額の株式等、新株予約権、ハ）確定した額の金銭債権に係る特定譲渡制限付株式等を交付する旨の定めに基づいて支給される一定要件を満たす給与で、①定期同額給

〔図表2-40〕事前確定届出給与の届出期限

3月決算法人の場合

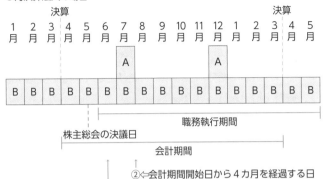

・Aの届出期限は①と②のいずれか早い日。したがって①
・Bは定期同額給与に該当し、届出不要
　（※）株主総会等の決議日が職務執行開始日後である場合はその開始日

与および③業績連動給与のいずれにも該当しないものをいう。

　事前確定届出給与は、非同族会社が定期給与を支給しない役員に対して金銭による給与を支給する場合等を除き、届出期限までに、所定の事項を記載した事前確定届出給与に関する届出書を提出しなければならない。

　a．届出期限は、次のⅰ、ⅱのいずれか早い日となっている〔図表2-40〕。

　　ⅰ　株主総会等により役員の職務につき所定の時期に確定額を支給する旨の定めを決議した日（決議した日が職務の執行を開始する日以後である場合は職務執行を開始した日）から1カ月経過する日

　　ⅱ　その事業年度開始の日の属する会計期間開始の日から4カ月を経過する日

　b．新たに設立した法人が、設立時に開始する役員の職務につき所定の時期に支給した給与を事前確定届出給与とする場合の届出期限は、原則として、その設立の日以後2カ月以内とされている。

　c．臨時改定事由により新たに事前確定届出給与を定めた場合の届出期限は、次のⅰ、ⅱのうちいずれか遅い日となっている。

　　ⅰ　臨時改定事由が生じた日から1カ月経過する日

　　ⅱ　上記a．の届出期限

　d．既に届出をしている場合に、臨時改定事由・業績悪化改定事由により事前確定届出給与の変更をするときの変更届出期限は次のⅰ、ⅱのとおりである。

 ⅰ 臨時改定事由 臨時改定事由が生じた日から 1 カ月経過する日

 ⅱ 業績悪化改定事由 業績悪化改定事由により事前確定届出給与の変更について株主総会等の決議をした日から 1 カ月経過する日（変更前の直前届出による支給日が 1 カ月経過日前の場合はその支給日の前日）

 なお、事前に所轄税務署長へ届け出た支給金額と実際の支給金額が異なる場合は、事前確定届出給与に該当せず、それが増額支給であれば増額分だけでなく実際の支給金額の**全額**が**損金不算入**となり、減額支給であれば実際に支給した金額が**損金不算入**となる。

③ 業績連動給与

 業績連動給与とは、利益の状況を示す指標、株式の市場価格の状況を示す指標またはその法人との間に支配関係がある法人の業績を示す指標等を基礎として算定される金銭または株式等による給与をいう。

 業績連動給与は、法人（同族会社にあっては**同族会社以外の法人との間にその法人による完全支配関係があるものに限る**）が、業務執行役員に対して支給する業績連動給与で、その算定方法を有価証券報告書にて開示されていること、損金経理をしているなど一定の要件を満たすものに限り損金の額に算入される。

(3) 過大な使用人給与の損金不算入

 使用人に対する給与は、原則として損金の額に算入される。ただし、法人の役員と特殊な関係のある使用人に対して支給する給与の額については、不相当に高額な部分の金額は、損金の額に算入されない。

 給与の範囲は、通常の給与・賞与のみならず、債務免除等による経済的利益や退職給与が含まれる。

 特殊な関係のある使用人（特殊関係使用人）とは、①役員の親族、②役員と事実上婚姻関係と同様の関係にある者、③役員から生計の支援を受けている者、④上記②または③に該当する者と生計を一にする者をいう。

(4) 使用人賞与の損金算入時期

 法人が使用人に支給する賞与は、原則としてその支給した日の属する事業年度の損金の額に算入されるが、賞与の支給形態が次の①または②に該当する場合には、それぞれ次に定める事業年度において損金の額に算入することができる。

① 労働協約または就業規則により定められる支給予定日が到来している賞与で、使用人に支給額の通知がされており、かつ、支給予定日または通知した日の属する事業年度で

損金経理をしているもの……支給予定日または通知した日のいずれか遅い日の属する事業年度

② 翌事業年度開始から1カ月以内に支払う賞与で、次のa．b．c．の要件にすべて該当するもの……使用人に支給額の通知をした日の属する事業年度

a．支給額を各人別に同時期に支給を受けるすべての使用人に対して通知する

b．前記a．の通知をした金額を、通知したすべての使用人に対して通知をした日の属する事業年度終了日の翌日から1カ月以内に支払っている

c．支給額を前記a．の通知した日の属する事業年度で損金経理をしている

また、法人の役員と特殊な関係のある使用人に対して支給する賞与の額のうち、不相当に高額な部分の金額は損金の額に算入されない（前記（3）参照）。

(5) 使用人兼務役員に対する賞与

役員のうち部長、課長その他その法人の使用人としての職制上の地位を持ち、かつ、常時従業員としての職務に従事する者で、一定の要件を満たす者を使用人兼務役員という。

使用人兼務役員に支給した賞与のうち、使用人分については、他の使用人に対する支給時期と同じ時期に支給した額は損金の額に算入される。なお、他の使用人の賞与の額に比較して適正であると認められる金額を超えて賞与が支給されている場合には、その超える金額については損金の額に算入されない。

(6) 役員退職給与

法人が役員に対して支給する退職給与で、適正な額のものは、損金の額に算入される。損金算入の時期は、原則として、株主総会の決議等により、その金額が具体的に確定した日の属する事業年度となる。

役員に対して支給する退職給与の額のうち、**不相当に高額な部分の金額**は、**損金の額に算入されない**。支給した役員の退職給与が不相当に高額であるか否かは、その役員の在職年数、その退職の事情、同じ事業を営む規模の類似する法人の役員退職給与の支給状況等に照らし判断することとされている。この場合に、役員退職給与の適正額の算定方法の代表的なものに**功績倍率方式**がある。これは類似法人の功績倍率を参考に、次の計算式によって役員退職給与の適正額を求める方法であり、この額を**超えた額**が「**不相当に高額な部分**」となる。

役員退職給与の適正額

最終報酬月額×役員在任年数×功績倍率（＋功労金）

この功績倍率は類似法人における平均功績倍率を基準とするが、退任役員の功績等を勘案することとなる。実務上は役員退職給与規程を設け、そのなかで金額を計算する算式や功績倍率等を定めておくのが望ましい。

また、次のような場合には、みなし退職として退職給与の支給の損金扱いが認められる。ただし、みなし役員に該当していると、退職という事実そのものが否認され、退職給与ではなく臨時的な給与として損金不算入となってしまうので、形式的な取扱いは慎むべきである。

① 役員の分掌変更等の場合の退職給与の打切り支給（常勤役員が非常勤役員（実質的に法人の経営上主要な地位を占めている者を除く）になったこと、取締役が監査役になったこと、分掌変更後の役員報酬がおおむね50％以上減額したことなど）

② 使用人が役員になった場合の退職給与の打切り支給　など

なお、役員退職金のうち、利益その他の指標（勤務期間および既に支給した給与を除く）を基礎として算定される退職給与は業績連動給与の損金算入の要件を満たす場合に限り損金算入される。

例　題

Q:

X社は取締役Aに対して、役員退職金を4,800万円支給した。役員退職金の功績倍率方式による法人税法上の適正額は、最終報酬月額90万円、役員在任年数16年、功績倍率3倍を基準として算定することが妥当であると判断されたため、これにより計算された適正額を上回る部分については、法人税納税申告書別表四において自己否認することにした。別表四において加算すべき金額はいくらか。

A:

4,800万円－90万円×16年×3＝480万円
功績倍率方式による金額を上回る480万円は損金に算入されないので、別表四で加算する。

❼ 地代・家賃

　土地の賃貸借による地代の支払において、一時使用など、通常権利金の収受を伴わない賃貸借である場合には、土地の使用目的および使用状況、使用期間などに照らし、土地の使用の対価として経済的に合理的な地代（通常の地代）を支払い、損金経理を行っているときは、その金額が損金の額に算入される。また、家賃についても同様である。

　地代、家賃の支払は、原則として損金の額に算入されるが、前払費用の取扱いには注意が必要である。前払費用とは、一定の契約により継続的に役務の提供を受けるために支出した費用のうち、その支出した事業年度の終了の日までにいまだ提供を受けていない役務に対応する費用で、翌期以降に係る費用であるため、原則として支出した事業年度の損金とはされず資産（前払費用）に計上して翌期以降の損金とされる。

　ただし、その支払った日から1年以内に提供を受ける役務に係るものを支払い、他の要件を具備した場合には、継続して適用する場合に限り、その支払った事業年度の損金の額に算入することができる（短期前払費用）。

❽ 保険料

（1）生命保険料

　法人が役員や使用人を被保険者として加入した生命保険契約の保険料の取扱いは〔図表2-41〕のとおりである。

（2）損害保険料

　法人が支払った損害保険契約の保険料の取扱いは〔図表2-42〕のとおりである。なお、法人が支払った会社役員賠償責任保険の保険料については、一定の要件で損金になる。

〔図表2－41〕法人契約の生命保険料の取扱い

養老保険

保険金受取人（死亡保険金）	保険金受取人（生存保険金）	主契約保険料	特約保険料	契約者配当
法人	法人	資産計上	損金算入[※3] ただし、給付金の受取人を役員等特定の者とする場合は給与[※1,2]	益金算入。ただし、資産計上額から控除できる
役員・従業員の遺族	役員・従業員	給与[※1]		益金算入
役員・従業員の遺族	法人	$\frac{1}{2}$…資産計上 $\frac{1}{2}$…損金算入[※3] ただし、役員等特定の者のみを被保険者とする場合は給与[※1,2]		益金算入

定期付養老保険（保険料が区分されている場合）

保険金受取人（死亡保険金）	保険金受取人（生存保険金）	（養老保険部分）	（定期保険部分）	契約者配当
法人	法人	資産計上	損金算入[※3]	益金算入
役員・従業員の遺族	役員・従業員	給与[※1]	損金算入[※3] ただし、役員等特定の者のみを被保険者とする場合は給与[※1,2]	益金算入
役員・従業員の遺族	法人	$\frac{1}{2}$…資産計上 $\frac{1}{2}$…損金算入[※3] ただし、役員等特定の者のみを被保険者とする場合は給与[※1,2]		益金算入

定期付養老保険（保険料が区分されていない場合）

保険金受取人（死亡保険金）	保険金受取人（生存保険金）	主契約保険料	契約者配当
法人	法人	資産計上	益金算入。ただし、資産計上額から控除できる
役員・従業員の遺族	役員・従業員	給与[※1]	益金算入
役員・従業員の遺族	法人	$\frac{1}{2}$…資産計上 $\frac{1}{2}$…損金算入[※3] ただし、役員等特定の者のみを被保険者とする場合は給与[※1,2]	益金算入

終身保険

保険金受取人（死亡保険金）	主契約保険料	特約保険料	契約者配当
法人	資産計上	損金算入[※3] ただし、給付金の受取人を役員等特定の者とする場合は給与[※1,2]	益金算入。ただし、資産計上額から控除できる
役員・従業員の遺族	給与[※1]		益金算入

	保険金受取人		主契約保険料	特約保険料	契約者配当
	死亡保険金	年金			
個人年金保険	法人	法人	資産計上	損金算入[※3] ただし、給付金の受取人を役員等特定の者とする場合は給与[※1,2]	益金算入。ただし、資産計上額から控除できる
	役員・従業員の遺族	役員・従業員	給与[※1]		益金算入
	役員・従業員の遺族	法人	$\frac{9}{10}$…資産計上 $\frac{1}{10}$…損金算入[※3] ただし、役員等特定の者のみを被保険者とする場合は給与[※1,2]		益金算入

	最高解約返戻率	50%超 70%以下	70%超 85%以下	85%超
定期保険[※4,7]	資産計上期間	(原則) 保険期間の40%相当期間経過まで		(原則) 最高解約返戻率となる期間まで
	上記期間における保険料の「資産計上」割合	40%	60%	(原則) 1〜10年目： 最高解約返戻率×90% 11年目以降： 最高解約返戻率×70%
	上記期間における保険料の「損金算入」割合	100%－上記の資産計上割合		
	取崩期間 経理処理	・保険期間の75%相当期間経過後[※5] ・全額を損金算入		・解約返戻金相当額が最も高い金額となる期間経過後[※5,6] ・全額を損金算入

(※1) 役員の場合、給与となるときには、保険料の支払方法が月払いのケースは定期同額給与、それ以外のケースは定期同額給与以外となる。

(※2) たとえ全員加入であっても役員、従業員の大部分が同族関係者である場合には、福利厚生費ではなく給与となる。

(※3) 損金算入する場合には、期間の経過に応じて行う。

(※4) 2019年7月8日以降契約の一定の保険に適用され、2019年7月7日以前の契約の場合異なる経理処理となる。

(※5) 資産計上額については、残りの期間で均等に取り崩して損金算入する。

(※6) 解約返戻金相当額が最も高い金額となる期間が複数ある場合、そのうち最も遅い期間経過後とする。

(※7) 以下に該当する保険等は、期間の経過に応じて、支払保険料の全額を損金算入する。

・最高解約返戻率が50%以下の契約

・最高解約返戻率が70%以下で、かつ、年換算保険料相当額（支払保険料総額÷保険期間）が30万円以下の契約

・保険期間が3年未満の契約

〔図表2−42〕法人契約の損害保険料の取扱い

契約の種類	保険の対象	保険契約者	被保険者	積立保険料以外の部分	積立保険料部分
長期の損害保険（保険期間が3年以上かつ満期返戻金のある損害保険契約）	法人所有の建物等	法人	法人	期間の経過に応じて損金算入	保険積立金等として資産計上
	貸借している建物等	法人	建物等の所有者		
		建物等の所有者	建物等の所有者	建物等の貸借料	
	役員または使用人の所有する建物等	法人	役員または使用人	原則として、役員または使用人に対する給与	保険積立金等として資産計上
		役員または使用人	役員または使用人	役員または使用人に対する給与	
長期の損害保険以外の損害保険	法人所有の建物等	法人	法人	期間の経過に応じて損金算入	
	貸借している建物等	法人	建物等の所有者		
		建物等の所有者	建物等の所有者	建物等の貸借料	
	役員または使用人の所有する建物等	法人	役員または使用人	原則として、福利厚生費として損金算入	

❾ 寄附金

　法人税法上、寄附金とは、法人が行った金銭その他の資産の贈与または経済的利益の無償の供与等をいい、寄附金、拠出金、見舞金その他どのような名義であるかは問わない。譲渡または経済的利益を供与した場合に、その譲渡または供与の対価が時価に比べて低いときは、時価との差額が寄附金となる。寄附金は収益を上げるための費用ではないため、法人税法は、損金算入に一定の限度額を設けている。

　ただし、特定公益増進法人(注)および認定NPO法人に対する寄附金は、一般の寄附金と別建てで、異なる算式で損金算入限度額を算出する。

　それぞれの損金算入限度額の算式は、次のとおりである。

注 特定公益増進法人とは、日本赤十字社、日本私学振興財団等、特別に定められた法人をいい、認定NPO法人とは、特定非営利活動促進法（NPO法）の特定非営利活動法人（NPO法人）のうち、非営利・公益性の視点から一定の要件・基準を満たすものとして国税庁長官の認定を受けたものをいう。

一般の寄附金の損金算入限度額

$$(\text{所得基準額}+\text{資本基準額}) \times \frac{1}{4}$$

- 所得基準額 = 寄附金支出前の当期の所得金額 $\times \dfrac{2.5}{100}$
- 資本基準額 = 期末資本金の額および期末資本準備金の額の合計額 $\times \dfrac{\text{当期の月数}}{12} \times \dfrac{2.5}{1,000}$

特定公益増進法人等に対する寄附金の損金算入限度額

$$(\text{所得基準額}+\text{資本基準額}) \times \frac{1}{2}$$

- 所得基準額 = 寄附金支出前の当期の所得金額 $\times \dfrac{6.25}{100}$
- 資本基準額 = 期末資本金の額および期末資本準備金の額の合計額 $\times \dfrac{\text{当期の月数}}{12} \times \dfrac{3.75}{1,000}$

また、国、地方公共団体に対する寄附金および指定寄附金については、支出額の全額が損金の額に算入される〔図表2-43〕。

なお、赤字子会社等に対する支援は、原則として寄附金とされる。これは税法上「一般の寄附金」とされるため、損金算入限度額を超えると損金の額に算入できない。

ただし、次のような経済的な利益の供与は寄附金とされず、損金の額に算入できる。

① 業績不振の子会社等の倒産を防止するために、合理的な再建計画に基づき緊急に行う資金の貸付の場合のように、その利率を無利息または低い利率とすることに相当の理由があると認められる場合

〔図表2-43〕寄附金の分類と損金としての扱い

寄附金	(1)指定寄附金等	①国、地方公共団体に対する寄附金 ②財務大臣の指定した寄附金	支出時に全額損金算入
	(2)特定公益増進法人等	③特定公益増進法人に対する寄附金 ④認定NPO法人に対する寄附金	一定の損金算入限度額（(3)とは別枠）を超過する部分は損金不算入
	(3)一般の寄附金	⑤その他の寄附金	一定の損金算入限度額を超過する部分は損金不算入

（※1）政治家・政党に対する寄附金、宗教団体に対する寄附金などは、一般の寄附金に該当する。
（※2）未払計上（現実に支払がされるまでの間、その支払はなかったものとされる）を行った場合は現実に支出するまで損金にならない。

② 子会社等の解散、経営権の譲渡等に伴いその子会社に対する債権を放棄したような場合で、放棄等をしなければ今後より大きな損失を被ることが明らかな場合など、放棄等について相当の理由があると認められる場合

③ 従業員を子会社等に出向させた場合に、親会社と子会社の給与ベースに格差があるため、その差額を親会社が負担する場合

❿ 交際費等

(1) 交際費等の範囲

法人税法上の交際費等とは、交際費、接待費、機密費その他の費用で、法人がその得意先、仕入先その他事業に関係のあるもの（社内の役員・従業員を含む）等に対する接待、供応、慰安、贈答その他これらに類する行為のための支出のうち一定のものをいう。

なお、もっぱら従業員の慰安のために行われる運動会、旅行会のための費用、カレンダー、手帳、うちわなどの贈答費用、社内で行う会議の茶菓・弁当代、飲食費の総額を参加人数で割った1人当たり10,000円以下の得意先等との一定の飲食費などは、交際費等から除かれている〔図表2－44〕。

交際費等の金額のうち、一定の損金算入限度額を超える部分の金額は損金とならない。したがって、法人税の負担の面からは、一部例外を除き、支出が交際費等に該当しないほうが有利になる。法人の支出する費用については交際費等に該当するか否かに十分注意する必要がある。寄附金、売上値引き、売上割戻し、広告宣伝費、福利厚生費、給与等の類似費用との区分には、特に注意する必要がある。

(2) 損金不算入額の計算

2027年3月31日までに開始する事業年度において、期末資本金の額が1億円超100億円以下の法人は、交際費等のうち飲食のために支出する費用の額(注)の50％を損金の額に算入することができる〔図表2－45〕。

中小法人については、1年当たり800万円の定額控除限度額との選択適用となる。なお、中小法人は資本金1億円以下の法人であるが、資本金5億円以上の大法人の100％子会社等は対象外とされている。

交際費等の額が損金算入限度額を超えるときは、その超える部分の金額は損金の額に算

入できない。

🈪 もっぱらその法人の役員、従業員等に対する接待等のために支出する費用（社内接待費）を除く。

〔図表2-44〕交際費等となるもの（○）とならないもの（×）の具体例

販売奨励金	事業用資産の交付	×
	金銭の交付	×（※1）
情報提供料等	正当な取引の対価としての支出	×
	正当な取引の対価と認められない支出	○
慶弔・禍福の費用	自社の従業員（家族、退職者を含む）	×
	得意先、仕入先等の社外の者	○
記念式典等	自社の従業員に一律に供与した飲食等の費用	×
	得意先、仕入先等に係る宴会費、交通費、記念品代	○
	式典の祭事のために通常要する費用	×
会議費	来客との商談、打合せ等に際しての費用	×
	旅行等に招待した場合	○（※2）
広告宣伝費	一般消費者を対象とする費用	×
	得意先に対する見本品、試供品の供与	×
その他	得意先等の従業員に対する取引の謝礼	○
	新製品の展示会等に得意先を招待した費用	×
	得意先等に工場等を見学させるための費用	×

（※1）原則は、交際費等に該当しない。ただし、観劇等の費用の負担額は交際費等に該当する。
（※2）旅行、観劇等に招待した場合は交際費等に該当するが、併せて行った会議費用は会議としての実態を備えている場合は交際費等に該当しない。

〔図表2-45〕交際費等の損金算入限度額

期末資本金	2020年4月1日から2027年3月31日までの間に開始する事業年度
1億円以下（※）	① 接待飲食費（社内接待費を除く）×50% ② 年間800万円 ①、②のいずれか多い金額（支出交際費のほうが少ない場合は支出交際費の額）
1億円超100億円以下	接待飲食費（社内接待費を除く）×50%
100億円超	全額損金不算入

（※）資本金5億円以上の大法人の100%子会社等を除く。

(3) 交際費等と他の費用との区分

① 会議費

会議費は、法人の業務のために行われる会議のための費用で、社内または通常会議を行う場所で、会場費や通常の昼食程度を超えない飲食代（弁当、茶菓、お茶等）にかかる費用をいう。これらの費用は法人税法上の交際費等には含まれず、会議費として損金算入が認められている。

会議には来客との商談、打合せ等も含まれる。会議の場所については会社内と限定されてはいないが、たとえば、遠方で行われる会議で、会議の終わった後で宴会が行われる場合などは、会議としての実態がある会議に要する費用は会議費となるが、会議の後で行われる宴会費用は交際費課税の対象になる。

② 福利厚生費

福利厚生費は、自社の従業員に対する福利厚生に係る費用であり、法人税法上の交際費には含まれない。また、専属的な下請会社の従業員に対して支出する福利厚生に係る費用についても、自社従業員に対する取扱いと同じく、交際費には含まれない。なお、取引先の従業員の慶弔に際して支給される金品は、交際費課税の対象になる。

福利厚生費には以下のようなものが該当する。

a．もっぱら従業員の慰安のために行う運動会、演芸会、旅行などのために通常要する費用

b．社内行事に際して従業員や役員におおむね一律に社内において供与される通常の飲食に要する費用

c．従業員（従業員であった者を含む）やその家族などの慶弔に際して一定の基準に基づいて支給される金品の費用

③ 広告宣伝費

不特定多数の者に対する宣伝的効果を意図するものは、広告宣伝費の性質を有するものとされ、法人税法上の交際費には含まれない。なお、特定の者に対して、広告宣伝効果というよりも贈答、謝礼を意図する金品の交付等は、交際費課税の対象になる。

広告宣伝費には以下のようなものが該当する。

a．一般消費者にカレンダー、手帳、扇子、うちわ、手ぬぐいその他これに類する物品を贈与するために通常要する費用

b．製造業者または卸売業者が、抽せんにより一般消費者に対し金品を交付するために要する費用または一般消費者を旅行、観劇等に招待するために要する費用

c．小売業者が商品を購入した一般消費者に対し景品を交付するために要する費用

d．一般の工場見学者等に製品の試飲、試食をさせる費用

e．得意先等に対する見本品、試用品の供与に通常要する費用

④　販売促進費

　会社が販売促進の目的で特定の地域の得意先である事業者に対して、販売奨励金等として金銭または事業用資産を交付する場合、その費用は販売促進費とされ、法人税法上の交際費には含まれない。ただし、製造業者または卸売業者がその製品または商品の小売業者に対して、旅行、観劇等に招待する費用を負担した場合のその負担額は、販売奨励金に該当せず、交際費課税の対象になる。

　また、会社が特約店等の役員および使用人を被保険者とするいわゆる掛け捨ての生命保険または損害保険の保険料を負担した場合の金額は、販売促進費として取り扱い、交際費には含まれない。

⑪　租税公課

　法人が納付する租税公課のうち、法人税法上、損金の額に算入されるもの、されないものの区分は〔図表2－46〕のとおりである。

〔図表2-46〕租税公課の取扱い

種　類	取扱い		損金算入の時期
	損金算入	損金不算入	
法　人　税		○	
住　民　税		○	
延　滞　税		○	
加　算　税		○	
罰　科　金		○	
源 泉 所 得 税		○	
事　業　税	○		申告書を提出した日
固 定 資 産 税	○		決定があった日
事 業 所 税	○		申告書を提出した日
自 動 車 税	○		決定があった日
収 入 印 紙	○		使った日
消　費　税	○		原則として申告書を提出した日

（※1）源泉所得税は税額控除を選択した場合に限る。
（※2）消費税は税込処理をした場合である。なお、未払計上も認められる。
（※3）法人税には、地方法人税が含まれる。
（※4）事業税には、特別法人事業税が含まれる。

⑫ 評価損

　法人が、その所有する資産について、評価損を計上して帳簿価額を減額した場合には、原則として、その評価損は損金の額に算入されない。しかし、一定の事実が発生したことにより、資産の時価が帳簿価額を下回った場合には、特例として評価損が損金の額に算入される場合があり、有効に活用すれば法人税等の節税（決算対策）になる。

(1) 株式の評価損

　法人の所有する株式（売買目的有価証券を除く）が値下りしても、売却せずに所有しているだけでは、値下りによる損失が未実現のため、原則として損金の額に算入されない。
　しかし、売買目的外有価証券において①上場している株式（企業支配株式を除く）の時価が著しく下がり（時価が帳簿価額のおおむね50％以下）、近い将来において回復の見込みがない場合、②上場していない株式と上場している企業支配株式について、株式発行法人の資産状態が著しく悪化（1株当たりの純資産価額が取得時のおおむね50％以下）し、

その時価が著しく下がり（時価が帳簿価額のおおむね50％以下）、近い将来において回復の見込みがない場合、③会社更生法または金融機関等の更生手続の特例等に関する法律の規定により更生計画認可の決定があったことにより評価替えする必要が生じた場合、④上記（①から③まで）に準ずる特別の事実（民事再生法の再生計画認可の決定、一定の私的整理など）があった場合などには、例外的に評価損を損金の額に算入できる。

なお、2011年6月30日以後、内国法人がその内国法人との間に完全支配関係がある他の内国法人（いわゆる完全子法人）で、①清算中である場合、②解散（合併による解散を除く）をすることが見込まれている場合、③当該内国法人との間に完成支配関係がある他の内国法人との間で適格合併を行うことが見込まれている場合のいずれかに該当する場合には、その他の内国法人の株式については、評価損を計上することができない。

(2) 商品の評価損

資産の評価替えにより帳簿価額を減額した場合は、その減額分の金額は、損金の額に算入しない。しかし、棚卸資産については次の場合に限り、例外的に評価損を計上することができる。

① 資産が災害により著しく損傷した場合

② 資産が著しく陳腐化した場合

③ 上記①～②までに準ずる特別の事実（破損、型崩れ、たなざらし、品質変化など）があった場合

④ 会社更生法または金融機関等の更生手続の特例等に関する法律の規定により更生計画認可の決定があったこと等により評価替えする必要が生じた場合

なお、単なる物価変動や過剰な生産により商品が値下りした場合などは、評価損を計上することはできない。また、低価法を採用する場合は、時価が帳簿価額より下落していれば評価損を計上できる。

⓭ 貸倒損失

売掛金、貸付金等の債権について、以下の3つの基準に該当する貸倒れが生じたときは、貸倒損失として損金の額に算入することができる。

(1) 法律上の貸倒れ

法律上の貸倒れとは、会社更生法の更生計画の認可決定、民事再生法の決定、**債権者集会の協議決定**で合理的な基準による債務者の負債整理、債務者に対し**書面による免除**（債務者の債務超過の状態が相当期間継続し、その**弁済を受けられない**と認められる場合に限る）など法律的に債権が消滅するものをいう。これらの**事実が発生**した日の属する**事業年度**に貸倒れとして、損金経理の有無にかかわらず**損金の額に算入される**。

相手方に支払能力があるのに債権を放棄すると、貸倒損失の要件に該当しないのに債権が消滅してしまい、寄附金の取扱いとされ課税対象となる場合がある。

(2) 事実上の貸倒れ

法律的には債権は消滅していないが、債務者の資産状況、支払能力等からみて全額が回収できないことが明らかな場合において、貸倒損失として全額を損金経理することにより損金算入が認められる。ただし、担保物がある場合には貸金等の全額が回収不能とはならないため、その担保を処分してからでなければ貸倒損失は損金の額に算入されない。

(3) 形式上の貸倒れ

債務者について次の事実が発生した場合、債務者に対する売掛債権（貸付金等の債権は含まない）は備忘価額（1円）を残して貸倒れとして**損金経理**すれば、**損金算入**が認められる。
① 継続的な取引を行っていた債務者との**取引の停止後1年以上を経過**した場合（担保物がある場合を除く）
② 同一地域の債務者に対する**売掛金の総額が取立**のために要する**旅費その他の費用**にも満たない場合で、その債務者に対し**支払を督促しても弁済がない**場合

❶❹ 貸倒引当金

売掛金、貸付金その他これらに準ずる債権の貸倒れによる損失の見込額として、損金経理により貸倒引当金勘定に繰り入れた金額については、その事業年度終了時の貸金の額に応じて限度額に達するまでの金額を損金の額に算入することができる。

なお、貸倒引当金については、翌事業年度において戻入れ（**貸倒引当金戻入れ**）を行い、益金の額に算入される（洗替方式）。

　繰入限度額は、一定の算式により計算した①**個別評価金銭債権**（一定の不良債権等）の繰入限度額と②**一括評価金銭債権**（①以外の金銭債権）の繰入限度額の合計額となる。

　②一括評価金銭債権の繰入限度額の計算においては、原則として、過去3年間の貸倒損失の発生額に基づいて計算される「実績繰入率」を用いるが、中小法人については実績繰入率に代えて「法定繰入率」の選択適用が認められている。

　ただし、資本金の額等が5億円以上の親法人等の100％子会社である中小法人や100％グループ内の複数の大法人に発行済株式等の全部を保有されている中小法人、一定の適用除外事業者等は除く。

実績繰入率による繰入限度額

期末の一括評価金銭債権の帳簿価額の合計額×実績繰入率

（※1）実績繰入率は、その法人の過去3年間の貸倒損失の発生額に基づいて計算する。
（※2）100％グループ内の法人間の金銭債権は除く。

法定繰入率による繰入限度額

$$\left(\begin{array}{l}\text{期末一活評価金銭債}\\\text{権の帳薄価額}\end{array} - \begin{array}{l}\text{実質的に債権と}\\\text{認められないものの額}\end{array}\right)\times \text{法定繰入率}$$

（※1）法定繰入率は業種に応じて次のとおりとなっている。
　　　・卸売および小売業 ‥‥‥1,000分の10
　　　・製造業 ‥‥‥‥‥‥‥1,000分の8
　　　・金融および保険業 ‥‥‥1,000分の3
　　　・割賦販売小売業 ‥‥‥‥1,000分の7
　　　・その他 ‥‥‥‥‥‥‥‥1,000分の6
（※2）100％グループ内の法人間の金銭債権は除く。

例　題

Q:

　Ｘ社（資本金1,000万円、製造業）は当期において、貸倒引当金を新たに320万円繰り入れているが、期末売掛債権等の額は6,250万円であり、その全額が一括評価金銭債権に該当している。貸倒引当金の繰入限度超過額として損金に算入されない額はいくらか。
　なお、実質的に債権と認められない部分の金額はない。

A:

　繰入限度額：6,250万円×0.8％＝50万円
　繰入限度超過額：320万円－50万円＝270万円

⓯ 海外渡航費

　法人がその役員または使用人の海外渡航に際して支給する旅費（支度金を含む）は、その海外渡航が当該法人の業務の遂行上必要なものであり、かつ、当該渡航のため通常必要と認められる部分の金額に限り、旅費としての損金の額に算入される。

　したがって、法人の業務の遂行上必要とは認められない海外渡航の旅費の額はもちろん、法人の業務の遂行上必要と認められる海外渡航であってもその旅費の額のうち通常必要と認められる金額を超える部分の金額については、原則として当該役員または使用人に対する給与となる。

⓰ リース取引

　所有権移転外ファイナンス・リース取引は、原則として、リース物件の引渡時にそのリース物件の売買があったものとみなし、リース期間定額法（リース期間を償却期間とし、残存価額をゼロとする定額法）により減価償却をし、損金経理することによりその期の損金とする。この処理は、リース取引のうち所有権移転外ファイナンス・リース取引につい

て、2008年4月1日以後締結した契約分から適用される。

　ただし、中小企業については、従来どおりの賃貸借処理も認められ、賃貸借処理により賃借料として損金経理した金額はリース期間定額法により損金経理したものとされる。また、賃貸借処理した金額は減価償却費の明細書への記載も不要とされている。

　なお、リース取引については、賃貸借契約として毎期の支払リース料は、原則としてその期の損金となる。

⑰ 外貨建て債権債務の換算

　外貨建て債権債務については、その取得時または発生時における為替相場によって換算する発生時換算法と、期末時における為替相場によって換算する期末時換算法の選択適用が認められている。ただし、先物為替予約等により換算レートが確定している場合は、そのレートによる換算を行う。

　なお、期末時換算法により換算した場合の換算差益または換算差損については、益金または損金の額に算入される。

　発生時換算法か期末時換算法のいずれによるかは、納税地の所轄税務署長への届出事項であるが、この届出を行わなかった場合には法定の換算法により以下のように換算される。

- 短期外貨建金銭債権債務…………期末時換算法
- 上記以外の外貨建金銭債権債務……発生時換算法

　この短期か否かは、外貨建債権債務の決済期限が、事業年度終了の日の翌日から1年を経過した日の前日までに到来するか否かで判断する。

⑱ 圧縮記帳

　圧縮記帳とは、本来は課税所得として発生している特定の利益について、一定の要件のもとに、その課税所得が実現していないものとみなして、その課税関係を将来に繰り延べる制度である。

　具体的には、譲渡対価等がその事業年度の益金になるのに対応して、その譲渡益等に見合う金額を実際の取得価額から控除、すなわち取得した資産の帳簿価額を圧縮して記帳し、その圧縮した金額を損金とすることにより、課税の対象としないことにするものである。

　なお、圧縮記帳をしたときは、取得資産の実際の取得価額が税務計算上減額されるので、それが減価償却資産であれば、その後の減価償却費の限度額計算においては、実際の取得価額ではなく圧縮後の帳簿価額によることになり、耐用年数の期間を通じて圧縮損の計上分だけ課税所得が増加することになる。

　また、土地や借地権などの非減価償却資産を取得した場合には、その後その資産を譲渡したときに損金の額に算入されるのは圧縮後の帳簿価額となり、圧縮分だけ譲渡益が多くなる。したがって、圧縮記帳の効果は課税の繰延べにあるといえる。

　圧縮記帳が認められるケースは、以下のとおりである。

① 国庫補助金等で取得した固定資産の圧縮記帳

　法人が国、地方公共団体などから補助金等の交付を受けて、その期中にその交付目的に合った固定資産を取得しまたは改良した場合で、期末までにその補助金等の返還を要しないことが確定している場合には、法人がその固定資産について圧縮記帳をしたときは、圧縮限度額の範囲内でその圧縮額が損金の額に算入される。

② 保険金等で取得した固定資産の圧縮記帳

　法人が固定資産の損害について受けた保険金等でその期中に代替資産を取得した場合には、その保険差益を限度として圧縮記帳が認められ、その圧縮額が損金の額に算入される。

③ 交換により取得した固定資産の圧縮記帳

　固定資産の交換については法人税法上は譲渡として扱われ、交換譲渡資産をその時価で譲渡し、交換取得資産をその時価で取得したものとされ、交換譲渡資産の譲渡益に課税されるのが原則である。しかし、一定の要件を満たす固定資産の交換については、交換譲渡資産の譲渡益を限度として圧縮記帳が認められる。

④ 収用等により取得した固定資産の圧縮記帳

　法人が公共事業の施行などに伴ってその所有する土地、建物などについて収用を受けた場合は、以下のいずれかを法人の選択により適用することができる。

　ａ．代替資産を取得した場合の圧縮記帳の特例

　ｂ．特別控除（5,000万円）の損金算入

⑤ 特定資産の買換えにより取得した資産の圧縮記帳

　個人の場合の「特定の事業用資産の買換えの特例」と同様の課税繰延措置が、法人においても、圧縮記帳によって認められる。

　特定資産の買換えの場合の圧縮限度額は、次のように計算される。

圧縮限度額

圧縮基礎取得価額×差益割合×80％ （または90％、75％、70％、60％）

（※1） 圧縮基礎取得価額は、買換資産の取得価額と譲渡資産の譲渡対価のうち、いずれか少ないほうの金額

（※2） 差益割合＝$\dfrac{譲渡資産の譲渡対価－（譲渡資産の帳簿価額＋譲渡経費）}{譲渡資産の譲渡対価}$

圧縮記帳による損金算入は、確定した決算において以下のいずれかの方法により経理することが必要である（ただし、圧縮記帳の種類によっては採用できない方法もある）。

a．損金経理により帳簿価額を直接減額する方法

b．確定決算における**積立金**として**積み立てる方法**

（決算の確定の日までに剰余金の処分により積立金として積み立てる方法）

第2章

例 題

Q:

以下の譲渡について圧縮記帳をした場合、法人税の課税の対象となる額および買換資産の帳簿価額はいくらになるか。

譲渡資産の譲渡価額： 　1,000万円
譲渡資産の帳簿価額： 　 350万円
譲渡経費 　　　　 ： 　　 50万円
買換資産の取得価額： 　 800万円

〈譲渡の仕訳〉

現預金	1,000万円	譲渡資産	350万円
		固定資産売却益	650万円
譲渡経費	50万円	現預金	50万円

〈買換えの仕訳〉

買換資産	800万円	現預金	800万円

A:

（1）圧縮基礎取得価額

買換資産の取得価額800万円＜譲渡資産の譲渡対価1,000万円

∴ 800万円

（2）差益割合

$$\frac{1,000万円-（350万円+50万円）}{1,000万円}=0.6$$

（3）圧縮限度額

800万円×0.6×80％＝384万円

したがって、課税の対象となる金額は以下のとおりである。

$$\overset{\text{固定資産売却益}}{650万円}-\overset{\text{譲渡経費}}{50万円}-\overset{\text{圧縮損}}{384万円}=216万円$$

買換資産の帳簿価額は以下のとおりである。

$$\overset{\text{買換資産の取得価額}}{800万円}-\overset{\text{圧縮損}}{384万円}=416万円$$

⑲ 使途秘匿金課税

　使途秘匿金とは、法人が支出した金銭の支出（贈与、供与その他これらに類する目的のためにする金銭以外の資産の引渡しを含む）のうち、その相手方の氏名または名称および住所または所在地ならびにその事由を、その帳簿書類に記載していないものをいう。

　ただし、次のものは使途秘匿金に含まれない。

① 　相手方の氏名等を帳簿書類に記載していないことに相当の理由があるもの

② 　資産の譲受け、その他の取引の対価として支出されたもの（当該取引の対価として相当と認められるものに限る）であることが明らかなもの

　この使途秘匿金については、損金不算入のため通常の法人税が課税されるほかに、使途秘匿金の支出額の40%に相当する税額が加算される。

⑳ 繰越欠損金

(1) 青色申告法人の欠損金の繰越控除

　各事業年度開始の日前10年（2018年3月31日以前に開始した事業年度に生じた欠損金については9年）以内に開始した事業年度において生じた欠損金額があるときは、欠損金額の生じた事業年度に青色申告書を提出しており、その後連続して確定申告書を提出している場合に限り、その欠損金額に相当する額を損金の額に算入することができる。繰り越された欠損金額が2以上の事業年度において生じたものからなる場合、そのうち最も古い事業年度において生じた欠損金額に相当する金額から順次損金の額に算入する。

　青色申告書を提出する事業年度に発生した欠損金額については、原則として、繰越控除前の所得金額の100%を控除することができず、2018年4月1日以後に開始する事業年度の控除限度割合は50%である。

　ただし、経営再建中の法人および新設法人は、7年間に限り100%控除が適用される（経営再建中の法人及び新設法人における特例）。

　また、青色申告法人で産業競争力強化法上の事業適応計画の認定を受けた事業者が、コロナ禍により生じた欠損金（2020年4月1日から2021年4月1日までの期間内を含む事業年度において生じた欠損金額）を有するとき、最長5年間、欠損金の繰越控除前の所得金

額からその所得金額の50％を超える部分について、確認された投資額の範囲内で追加控除することができる特例が創設されている（繰越欠損金の控除上限の特例）。

なお、中小法人等（期末資本金1億円以下の法人（資本金の額等が5億円以上の親法人等の100％子会社である法人等を除く））については、控除前所得金額の100％を控除することができる（いわゆる中小企業向け特例措置）。

また、**青色申告書を提出していない事業年度**であっても、その事業年度において生じた欠損金額のうち、**災害により資産について生じた損失**があるときは、その災害損失の額については、**10年間**（2018年3月31日以前に開始した事業年度においては**9年間**）の繰越控除が認められる。

（2）青色申告法人の欠損金の繰戻還付

青色申告書を提出する事業年度の欠損金額がある場合は、中小法人等はその**欠損金額を前事業年度に繰り戻して還付を受け、残額を次の事業年度に繰り越す**ことができる。その額は次のとおりである。ただし、青色欠損金の繰戻還付は、解散等が生じた場合を除き、中小法人等以外の法人は、2026年3月31日までの間に終了する各事業年度まで、適用停止が延長されている。

なお、**資本金の額等が5億円以上の親法人等の100％子会社である中小法人や100％グループ内の複数の大法人に発行済株式等の全部を保有されている中小法人も欠損金の繰戻還付を受けることはできない。**

還付請求できる金額

還付事業年度の法人税額 × $\dfrac{\text{欠損事業年度の欠損金額}}{\text{還付事業年度の所得金額}}$

例　題

Q: ....

　甲社（資本金3億円、青色申告法人）の当期（2024年4月1日～2025年3月31日）における①所得金額（繰越欠損金控除後）、②翌期に繰り越される欠損金額はいくらか。なお、甲社は、繰越欠損金の控除上限の特例の適用を受けないものとする。
- 当期に繰り越されてきた欠損金額：5,000万円（2024年3月期に発生）
- 繰越欠損金控除前の所得金額：4,000万円

A: ....

① 　所得金額（繰越欠損金控除後）
　4,000万円－4,000万円×50％＝2,000万円（つまり納税が発生する）
② 　翌期に繰り越される欠損金額
　5,000万円－4,000万円×50％＝3,000万円

第2章

Q: 例　題

　製造業を営むＸ株式会社（資本金30,000千円、青色申告法人、同族会社かつ非上場会社で株主はすべて個人、租税特別措置法上の中小企業者等に該当する。以下、「Ｘ社」という）の当期（2024年4月1日～2025年3月31日）における法人税の確定申告に係る資料は、以下のとおりである。

　資料に基づき、同社に係る下記の〈略式別表四（所得の金額の計算に関する明細書）〉の空欄①～⑦に入る最も適切な数値を求めたうえで、納付すべき法人税額を求めよ。なお、所得の金額の計算上、選択すべき複数の方法がある場合は、Ｘ社にとって有利となる方法を選択すること。

〈資料〉

1．交際費等に関する事項

　当期における交際費等の金額は8,750千円で、全額を損金経理により支出している。このうち、参加者1人当たり10,000円以下の飲食費が300千円含まれており、その飲食費を除いた接待飲食費に該当するものが6,300千円含まれている（いずれも得意先との会食によるもので、専ら社内の者同士で行うものは含まれておらず、所定の事項を記載した書類も保存されている）。その他のものは、すべて税法上の交際費等に該当する。

2．減価償却に関する事項

　当期における減価償却費は、その全額について損金経理を行っている。このうち、機械装置の減価償却費は5,600千円であるが、その償却限度額は5,450千円であった。一方、構築物の減価償却費は4,500千円で、その償却限度額は5,700千円であったが、この構築物の前期からの繰越償却超過額が1,000千円である。

3．役員給与に関する事項

　当期において、Ｘ社は、代表取締役であるＡさんから、時価11,000千円の土地を13,000千円で買い取った。なお、Ｘ社は、この土地の売買に係る事前確定届出給与に関する届出書は提出していない。

4．税額控除に関する事項

　当期における「給与等の支給額が増加した場合の法人税額の特別控除」に係る税額控除額が300千円である。

5．「法人税、住民税および事業税」等に関する事項
　（1）損益計算書に表示されている「法人税、住民税および事業税」は、預金
　　　の利子について源泉徴収された所得税額252千円・復興特別所得税額5,292
　　　円および当期確定申告分の見積納税額3,300千円の合計額3,557,292円であ
　　　る。なお、貸借対照表に表示されている「未払法人税等」の金額は3,300千
　　　円である。
　（2）当期中に「未払法人税等」を取り崩して納付した前期確定申告分の事業
　　　税（特別法人事業税を含む）は720千円である。
　（3）源泉徴収された所得税額および復興特別所得税額は、当期の法人税額か
　　　ら控除することを選択する。
　（4）中間申告および中間納税については、考慮しないものとする。

〈略式別表四（所得の金額の計算に関する明細書）〉　　　　　　　（単位：円）

区　分		総　額
当期利益の額		8,362,708
加算	損金経理をした納税充当金	（　①　）
	減価償却の償却超過額	（　②　）
	役員給与の損金不算入額	（　③　）
	交際費等の損金不算入額	（　④　）
	小　計	＊＊＊
減算	減価償却超過額の当期認容額	（　⑤　）
	納税充当金から支出した事業税等の金額	720,000
	小　計	＊＊＊
仮　計		＊＊＊
法人税額から控除される所得税額（注）		（　⑥　）
合　計		＊＊＊
欠損金または災害損失金等の当期控除額		0
所得金額または欠損金額		（　⑦　）

（注）法人税額から控除される復興特別所得税額を含む。

A: ....

〈略式別表四の計算〉

① 損金経理をした納税充当金

見積納税額（未払法人税等の金額）3,300千円は、損益計算書上、費用とされているが、法人税では損金算入できないため、「損金経理をした納税充当金」として加算する。

よって、①は3,300,000円。

② 減価償却の償却超過額

機械装置の償却超過額は、損金不算入となるため加算する。

よって、②は5,600千円－5,450千円＝150,000円。

③ 役員給与の損金不算入額

役員から時価よりも高額で購入した土地に関しては、時価と購入価額との差額が役員給与として扱われ、定期同額給与に該当しないことから、損金不算入となるため加算する。

よって、③は13,000千円－11,000千円＝2,000,000円。

④ 交際費等の損金不算入額

参加者1人当たり10,000円以下の飲食費は交際費等に含まれないため、法人税法上の交際費等は、8,750千円－300千円＝8,450千円。

期末の資本金または出資金の額が1億円以下の法人は、支出交際費8,000千円以下の部分の全額、または接待飲食費の50％のいずれかを選択して損金算入する。接待飲食費（6,300千円）の50％（3,150千円）よりも8,000千円のほうが多いため、損金算入額は8,000千円となる。

よって、④は8,450千円－8,000千円＝450,000円。

⑤ 減価償却超過額の当期認容額

構築物の償却不足額1,200千円（5,700千円－4,500千円）は、前期からの繰越償却超過額1,000千円の範囲内について当期認容額として減算できる。

よって、⑤は1,000,000円。

⑥　法人税額から控除される所得税額（復興特別所得税額を含む）
　　源泉徴収された所得税額および復興特別所得税額は、当期の法人税額からの控除を選択するため、合計額を加算する。
　　よって、⑥は252千円＋5,292円＝257,292円。

⑦　所得金額または欠損金額
　　加算項目の小計は5,900,000円、減算項目の合計は1,720,000円。よって⑦は以下のとおりとなる。
　　8,362,708円＋5,900,000円－1,720,000円＋257,292円＝12,800,000円

〈法人税額の計算〉
8,000,000円×15％＋（12,800,000円－8,000,000円）×23.2％＝2,313,600円
2,313,600円－300,000円※1－257,292円※2＝1,756,308円
→1,756,300円（100円未満切捨て）

※1　「給与等の支給額が増加した場合の法人税額の特別控除」に係る税額控除額を控除
※2　所得税額および復興特別所得税額は、当期の法人税額から控除

実務上のポイント

- 法人が、使用可能期間が1年未満、または取得価額が10万円未満（青色申告者である一定の中小企業者等の場合30万円未満）の減価償却資産を取得した場合（貸付の用に供する場合を除く）、事業の用に供した事業年度に、その取得価額を損金算入することができる。

- 法人が、取得価額が20万円未満の減価償却資産を取得した場合（貸付の用に供する場合を除く）、原則としてその取得価額を3年間にわたって3分の1ずつ均等額を損金算入することができる（一括償却資産）。

- 定期同額給与は、その事業年度開始の日の属する会計期間開始の日から3カ月以内に改定が行われた場合、改定前と改定後それぞれで各支給時期の支給額が同額であれば、損金算入が認められる。

- 事前確定届出給与では、事前の届出と実際の支給額等が異なる場合、実際に支給した金額の全額が損金不算入となる。

- 業績連動給与は、同族会社の場合、同族会社以外の法人との間にその法人による完全支配関係がある法人に限り、損金算入が認められる。

- 法人の交際費のうち、接待飲食費（社内接待費を除く）の50％の金額は、損金に算入することができる（資本金の額等が100億円超の法人を除く）。期末資本金の額等が1億円以下の一定の中小法人の場合、年800万円の定額控除の選択もできる。

- 一人当たり10,000円以下の得意先等との一定の飲食費は、交際費等から除かれている。

- 法人が納付する租税公課のうち、事業税・固定資産税等は、損金の額に算入される。

- 法人が納付する租税公課のうち、法人税・住民税等は、損金の額に算入されない。

- 法人が有する棚卸資産が著しく陳腐化したことにより、その価額が帳簿価額を下回ることとなった場合、原則として、損金経理により帳簿価額を減額し、評価損を損金の額に算入することができる。

- 欠損金の繰越控除は、欠損金額が生じた事業年度に青色申告書である確定申告書を提出していれば、その後の各事業年度に提出した確定申告書が白色申告書であっても適用を受けることができる。

- 欠損金の繰越控除では、繰り越された欠損金額が2以上の事業年度において生じたものからなる場合、最も古い事業年度において生じた欠損金額に相当する金額から順次損金の額に算入する。

第7節

同族会社の特別規定

① 同族会社の範囲

　法人税法上の同族会社とは、少数の同族株主グループがその法人の株式の**50％超**（自己株式を保有する場合は、その自己株式を除いて計算する）を所有している会社である。このような会社では、株主と経営者が同一である場合が多く会社の取引と個人的な取引とを混同してしまう傾向にあり、同族会社と同族関係者間で非合理的な取引が行われ、税務上問題が生じることがある。

　そこで、法人税法上の同族会社については、次の3つの同族会社特有の税制が設けられている。

① 留保金課税
② みなし役員、使用人兼務役員
③ 行為計算の否認

(1) 同族会社の判定

　同族会社であるかどうかの判定は次のとおり行う。

① 株主等（株主または社員）を、その同族関係者を含めたグループ別に分類する。
② 上記①のグループのうち、その持株割合⁽注⁾の高いほうから順に3グループをとる。
③ その3グループの持株割合の合計が、その会社の発行済株式総数等の50％超となる場合は同族会社となる。

🈖 持株割合の計算にあたっては、発行済株式または出資（自己株式を除く）の総数または総額の50％を超える数または金額の株式または出資を有する場合のほか、次のいずれかに該当する場合も同族会社となる。

　• その3グループの有する解散・合併などに関する議決権、役員の選任・解任に関する議決権、役員給与に関する議決権、剰余金の配当・利益の配当に関する議決権といった4種類の議決権のいずれかについて、議決権の割合が50％超の会社

- その3グループがその会社の株主等（合名会社、合資会社または合同会社の社員に限る）の社員総数の50％超を占める会社

同族関係者とは、株主等と次の関係がある個人および法人である。

① 同族関係者となる個人

a. 株主等の親族（配偶者、6親等内の血族および3親等内の姻族）

b. 株主等と内縁関係にある者

c. 株主等個人の使用人

d. 使用人ではないが、その株主等個人から受ける金銭その他の財産によって生計を維持している者

e. 上記b. c. d. の親族でこれらの者と生計を一にしている者

② 同族関係者となる法人

a. 株主等とその同族関係者が有する他の会社の株式の持株割合または出資割合が、発行済株式総数または出資総額の50％超であるときのその会社

b. 株主等と、上記a. の会社を含んだその同族関係者が有する他の会社の株式の持株割合または出資割合が、発行済株式総数または出資総額の50％超であるときのその会社

c. 株主等と、上記a. およびb. の会社を含んだその同族関係者が有する他の会社の株式の持株割合または出資割合が、発行済株式総数または出資総額の50％超であるときのその会社

(2) 被支配会社

同族会社のうち、持株割合または出資割合（議決権等も判定の基準に含める）の一番高い第1順位の株主等および同族関係者のみで、発行済株式総数または出資総額の50％超となる会社を被支配会社という。

(3) 特定同族会社

被支配会社の判定にあたり、判定した株主等のなかに被支配会社でない法人がある場合には、その法人を除外して判定しても被支配会社となるものを特定同族会社という。

ただし、資本金の額または出資金の額が1億円以下の会社については、大法人（資本金の額または出資金の額が5億円以上の法人等）または複数の大法人により発行済株式等の全部を保有されている場合を除き、特定同族会社に該当しない。

② 特定同族会社の留保金課税

法人は、株主に対して利益を配当することを期待されている。しかし、同族会社においては、株主と経営者が同一である場合が多く、法人が配当を行うと個人株主はその受け取った配当に対して所得税が課税されるので、これを避けるため、配当を行わず法人に利益を留保することがある。このため、特定同族会社が一定額以上の利益を社内に留保した場合には、留保金課税として通常の法人税とは別に法人税の課税が行われる。

なお、資本金の額または出資金の額が1億円以下の法人は特定同族会社の範囲から除外されており、留保金課税は適用されない。ただし、資本金の額等が1億円以下の法人であっても資本金の額または出資金の額が5億円以上の大法人の100%子会社である中小法人や100%グループ内の複数の大法人に発行済株式等の全部を保有されている中小法人は除かれる。

③ みなし役員、使用人兼務役員

(1) みなし役員

同族会社の使用人で会社の経営に従事している者のうち、次の要件をすべて満たしている者は、会社法上の役員等でなくても税務上は役員とみなされる。

① 所有割合（議決権等も判定の基準に含める。以下②、③も同様）が50%超に達するまでの上位3位以内の株主グループに属していること
② その者が属する株主グループの所有割合が10%を超えていること
③ 本人と配偶者の所有割合を合算し、所有割合が5%を超えていること（本人・配偶者の所有割合が50%超となる会社があれば、その会社の所有割合も合算）

たとえば、株式を50%以上所有するオーナー社長の妻は、妻自身は株式を所有していなくても、経営に従事している事実があればみなし役員となり、法人税法上は役員として取り扱われる。そのため、妻に賞与を支給した場合には、その支給した金額が定期同額給与、事前確定届出給与、業績連動給与のいずれかに該当しない場合、損金の額に算入されない。

なお、法人が使用人に支給する給与は、通常はその全額が損金の額に算入されるが、企業経営者が配偶者や子供に対して他の使用人と比べ多額な給与の支払をした場合には、経

営者自身の所得を分散していると考えられるため、役員の親族に対して支給する過大な給与については、損金の額に算入しないこととされている。

この取扱いは、上述のみなし役員の適用から外れる役員の親族関係者（特殊関係使用人）についても不相当に高額な金額が支払われた場合には、損金の額に算入しない旨を規定している。

(2) 使用人兼務役員

使用人兼務役員とは、役員と使用人の両方の立場を併せもっている人で、一定の要件に該当する人をいう。使用人兼務役員に該当する人については、支給される賞与のうち使用人部分の金額は支給時期が他の使用人と同じであれば、損金の額に算入できるなど、一般の役員とは異なる取扱いがある。

ただし、同族会社の役員のうち、社長、代表取締役、専務、常務、理事長等のほか、前記みなし役員の要件①〜③のすべての要件を満たしている人は使用人兼務役員になれない。

❹ 行為計算の否認

同族会社は、同族の者で経営を支配しているため、同族会社等の取引でそれを容認すれば容易に法人税の負担を不当に減少させる結果となる場合がある。その場合には、脱税の有無にかかわらず、行為または計算を否認されることがある。

次のようなケースについては、**同族会社の行為計算の否認**を受ける可能性がある。

① 名目上法人の役員となり役員給与を支給して法人税を不当に減少させた場合
② 系列の法人に対して商品を他の販売会社と比較して低価で販売した場合
③ 使用人に対して支給した退職金が不相当に高額であり、その支給も不自然である場合

第 **3** 章
法人住民税と
法人事業税

　法人に対する地方税には、**道府県民税**、**市町村民税**と**事業税**および特別法人事業税があり、道府県民税と市町村民税には**均等割**と**法人税割**がある。

　道府県民税と市町村民税の法人税割の課税標準は法人税額^(注)であり、均等割額は資本金等の額と従業員の数によって決められている。事業税の課税標準は一定の法人を除き所得金額である（外形標準課税においては所得以外も課税標準となる）。また、特別法人事業税の課税標準は、一定の法人を除き、事業税の所得割額となる。

注 正確には、源泉徴収された利子配当等の所得税額控除や外国税額控除等の税額控除する前のものであるなどの調整が行われる。

　したがって、所得金額がマイナスの場合には法人税割と事業税（外形標準課税の場合は所得割のみ）および特別法人事業税の納付はないが、均等割の納付はある。

❶ 法人住民税

（1）納税義務者

　法人は、その事務所、事業所、宿泊所その他の施設が所在する都道府県および市町村に対して、道府県民税と市町村民税を納付しなければならない。

（2）税額

　法人住民税の額は次のとおりである。

税額

> 道府県民税＝均等割額＋法人税割額
> 市町村民税＝均等割額＋法人税割額

　均等割額については、資本金等の額と従業員の数で区分された金額が課税される〔図表3－1〕。したがって、赤字の法人でも課税される。

　法人税割額は、法人税額に〔図表3－2〕の割合を乗じた金額となる。

〔図表 3 - 1〕 法人住民税の均等割額

法人等の区別		標準税率	
資本金等の額	従業員の数	市町村民税	道府県民税
50億円超	50人超 50人以下	300万円 41万円	80万円
10億円超50億円以下	50人超 50人以下	175万円 41万円	54万円
1億円超10億円以下	50人超 50人以下	40万円 16万円	13万円
1,000万円超 1億円以下	50人超 50人以下	15万円 13万円	5万円
1,000万円以下	50人超 50人以下	12万円 5万円	2万円

(※) 制限税率（条例で定めることができる税率の上限）は標準税率の1.2倍

〔図表 3 - 2〕 法人税割の税率

	標準税率	制限税率
市町村民税	6.0%	8.4%
道府県民税	1.0%	2.0%

② 法人事業税

(1) 納税義務者

　法人事業税は、法人が行う事業に対して、その法人の事務所、事業所が所在する都道府県が法人に課税する税金である。

　2つ以上の都道府県に事務所、事業所等を設けている法人については、それらの都道府県にそれぞれ事業税を納付することになる。このような場合は、事業税の課税標準額を、それぞれの都道府県にある事務所、事業所の従業員の数などを基準として分割して、その分割した課税標準額にそれぞれの都道府県で定められた税率を乗じて計算する。

(2) 税額

　法人事業税は、課税標準に対して法人事業税の標準税率〔図表 3 - 3〕を乗じて計算する。なお、法人事業税の課税標準は、業種によって以下のように異なる。

① 生命保険事業、損害保険事業、電気供給業（小売電気・発電事業を除く）
　……収入金額
② 電気供給業のうち、小売電気・発電事業
　……資本金1億円超　：収入金額・付加価値額・資本金額
　　　資本金1億円以下：収入金額・所得金額
③ 特定ガス供給業
　……収入金額・付加価値額・資本金額
④ 一般ガス供給業
　……資本金1億円超　：付加価値額・資本金額・所得金額
　　　資本金1億円以下：所得金額
⑤ 上記以外の法人……所得金額
　都道府県は、条例により標準税率の1.7倍以内の範囲で課税することができる（制限税率）。

(3) 外形標準課税

　法人事業税については、原則として資本金が1億円を超える法人等に対して外形標準課税制度が導入されている。原則として外形標準課税制度は、所得以外も課税の基準とするもので、対象となる法人の法人事業税は、所得割、付加価値割、資本割の3つから構成されることになる〔図表3-3〕。

資本金1億円超の法人の法人事業税

所得割＋付加価値割＋資本割

〔図表3-3〕法人事業税の標準税率

		外形標準課税適用法人	外形標準課税適用外法人
所得割	年400万円以下の所得	1.0%	3.5%
	年400万円超800万円以下の所得		5.3%
	年800万円超の所得、または軽減税率不適用法人（※）		7.0%
付加価値割		1.2%	－
資本割		0.5%	－

（※）3以上の都道府県に事務所等を設けて事業を行い、なおかつ、資本の金額または出資金額が1,000万円以上の法人。

なお、2025年4月1日以後に開始する事業年度から、下記の法人が外形標準課税の対象に追加される。

- 前事業年度に外形標準課税の対象であった法人で、当該事業年度に資本金1億円以下で、資本金と資本剰余金の合計額が10億円を超える法人

　さらに、2026年4月1日以後開始事業年度から、下記の法人が追加される。

- 資本金と資本剰余金の合計額が50億円を超える法人等の100％子法人等のうち、当該事業年度末日の資本金1億円以下で、資本金と資本剰余金の合計額が2億円を超える法人

　当該法人については、従来の課税方式で計算した税額を超えることとなる額に一定の割合（※）を乗じた額を、当該事業年度に係る法人事業税額から控除する軽減措置が取られる。

※　2026年4月1日〜2027年3月31日開始事業年度　$\dfrac{2}{3}$

　　2027年4月1日〜2028年3月31日開示事業年度　$\dfrac{1}{3}$

(4) 特別法人事業税

　地域間の財政力格差拡大、経済社会構造の変化等に対応し、都市と地方が支え合い、共に持続可能な形で発展していくため、特別法人事業税が導入されている。

　特別法人事業税は、法人事業税（所得割または収入割）の納税義務者に対して課する国税だが、各都道府県が法人事業税と併せて賦課徴収を行い、納付された額を国に払い込む。

　特別法人事業税は、法人事業税額（標準税率により計算した所得割額または収入割額）が課税標準とされる。税率は次のとおりである。

外形標準課税適用法人	260%
普通法人	37%

　なお、特別法人事業税の収入額を、使途を限定しない一般財源として都道府県へ譲与する特別法人事業譲与税も導入されている。

(5) 分割基準

　法人住民税には、均等割と法人税割がある。

　法人住民税の均等割の課税標準は、法人都道府県民税は期末の資本金等の額、法人市町村民税は期末の資本金等の額と期末の従業員数である。

　一方、法人住民税の法人税割の課税標準は、法人税額に定められた税率をかける。複数の都道府県・市町村に事業所等を有する法人は、課税標準額である法人税額を「分割基準」で分割し、都道府県・市町村ごとの分割課税標準額および税額を算定する。「分割基準」は、従業者数を使用する。寮は事業所等に該当しないため、分割基準の対象とならない。ただし、宿泊所、クラブその他これらに類する施設は、法人税割の対象とはならないが、均等割の対象となる。

第 4 章

消費税

課税の対象と納税義務者

❶ 課税取引と不課税取引、非課税取引

(1) 国内取引

　消費税の課税対象となるのは、国内において事業者が事業として対価を得て行う資産の譲渡、資産の貸付および役務の提供（非課税とされるものを除く）とされている。「事業者が」「事業として」「対価を得て」行うものが課税対象となり、たとえば、事業者以外の個人間の資産の譲渡などは課税対象にはならない。

　課税対象とされる要件は以下のとおりである。

① 日本国内

　消費税および地方消費税（以下「消費税等」という）は、日本国内において行う取引（国内取引）に対して課される。国外取引は、課税対象外取引として消費税等は課されない。

② 事業者

　消費税等は、事業者が事業として行う取引を課税対象としているので、**事業者以外の者**が行う取引は、課税対象外取引として**消費税等は課されない**。

③ 対価

　消費税等は、対価を得て行う取引に対して課される。**無償取引**（一定のものを除く）は、課税対象外取引として**消費税等は課されない**。

④ 取引の内容

　消費税等は、資産の譲渡、貸付、役務の提供等の取引に対して課される。したがって、資産の譲渡、貸付、役務の提供等の取引以外の取引は、課税対象外取引として消費税等は課されない。具体的には、受取配当金、損害賠償金、寄附金、祝金、見舞金などは課税対象外取引として課されない。

　上記の要件にあてはまらない取引は**不課税取引**（または課税対象外取引）と呼ばれる。

　これに対して、国内において事業者が事業として対価を得て行う資産の譲渡等であっても、課税対象になじまないことや社会政策的配慮の必要性から、消費税等が課されない取引がある。これを**非課税取引**という〔図表4－1〕。

　非課税取引には、**土地の譲渡や貸付**（一時的に使用させる場合等を除く）、**有価証券などの譲渡**（株式・出資・預託の形態によるゴルフ会員権を譲渡する場合等を除く）、預貯金の利子等の金融取引、**住宅の貸付**（一時的に使用させる場合等を除く）、郵便切手や印紙、商品券、プリペイドカードの譲渡などがある。

(2) 輸入取引

　外国から国内に到着した貨物で輸入の許可を受ける前のもの、および輸入の許可を受けた貨物で、保税地域から引き取られるもの（非課税とされるものを除く）は課税対象となる。

　また、保税地域において、外国貨物が消費された場合などは、みなし取引として課税の対象となる。

　なお、輸出取引は免税取引である。

❷ 課税期間

　個人事業者の課税期間は1月1日から12月31日であり、納付期限は翌年3月31日である。法人の課税期間はその法人の事業年度であり、納付期限は事業年度終了の日の翌日から2カ月以内である。なお、選択により、課税期間を短縮し、事業年度を3カ月ごと（または1カ月ごと）に区分した各期間とすることができる。

❸ 納税義務者と納税免除

(1) 原則

　課税資産の譲渡等を行った事業者が消費税等の納税義務者となるが、その年（個人）またはその事業年度（法人）の**基準期間**（個人事業者の場合にはその年の前々年、法人の場

〔図表４－１〕消費税等の非課税取引

非課税取引	非課税取引の例示	非課税取引とならないものの例示
土地、借地権の譲渡	土地の譲渡、貸付期間が１カ月以上の土地等の貸付（駐車場や施設の利用に伴う貸付を除く）	鉱業権等の譲渡、１カ月未満の土地等の貸付、駐車場や施設の利用に伴う土地等の貸付
有価証券等・支払手段等の譲渡	国債、社債、株式の譲渡	ゴルフ会員権、船荷証券の譲渡、収集・販売用の紙幣・硬貨の譲渡
金融取引	預貯金の利子、保証料、手形割引料、保険料	送金、口座振替、CD・ATM利用、保護預かり、証券取引等各種の手数料
郵便切手・印紙等の譲渡	郵便局での郵便切手の譲渡	収集・販売用の切手の譲渡
物品切手等の譲渡	商品券、図書券、プリペイドカードの譲渡	物品切手等の譲渡における取扱手数料
国・地方公共団体等が法令に基づき徴収する手数料等	特許申請料、国家試験受験料、住民票・印鑑証明書交付手数料	博物館、美術館等の入場料、水道料金、公営バス・地下鉄運賃
国際郵便為替・外国為替等	外国への送金手数料	居住者による非居住者からのCD・CPの取得等に係る媒介、取次ぎ、代理業務、非居住者のためにする有価証券等の保護預かり業務
社会保険医療等	健康保険診療	差額ベッド、人間ドック、美容整形に係る費用
一定の社会福祉事業等	生計困難者を無料または低額な料金で収容して生活の扶助を行う施設、母子生活支援施設、養護老人ホームを経営する事業介護保険法による居宅サービス、施設サービス等	授産施設を経営する事業における授産活動に基づく資産の譲渡等
助　産	妊娠の検査、検診、入院、分娩の介助、回復検診、新生児検診	出産後の入院のうち出産の日から１カ月を超える部分（その後の部分も「社会保険医療等」に該当する場合は非課税）
埋葬、火葬	埋葬料、火葬料	火葬場の待合室使用料
一定の身体障害者用物品等	一定の身体障害者用物品の譲渡、貸付、製作、修理	指定外の物品の譲渡、修理
一定の学校の授業料、入学検定料、入学金等	学校教育法に定める学校の授業料、入学検定料等	機器の使用の対価、調査・研究の対価
教科用図書	一定の教科用図書の譲渡	参考書、問題集、配送手数料
住宅の貸付	家賃、共益費、返還を要しない敷金、保証金	貸事務所、貸別荘、ホテル、旅館

合にはその事業年度の前々事業年度）における**課税売上高**が**1,000万円以下**の事業者で適格請求書発行事業者としての登録を受けていない者についてはその事業年度に国内において行った課税資産の譲渡等につき消費税等の納税義務が**免除**される（事業者免税点制度）。

免税事業者は課税事業者選択届出書を提出することにより課税事業者となることができる。ただし、この場合は事業を廃止する場合を除き、原則として、**2年間は免税事業者に戻ることができない**。

なお、課税事業者を選択することにより、事業者免税点制度の適用を受けないこととした事業者の2年間の課税事業者強制適用期間中に、**調整対象固定資産**（棚卸資産以外の建物、構築物、機械および装置などの資産で**税抜金額が100万円以上のもの**）を**取得**し、**原則課税制度**により消費税の確定申告を行った場合は、事業を廃止するときを除き、その取得があった課税期間を含む**3年間は免税事業者**となることはできず、**簡易課税制度も選択できない**。

また、消費税の課税事業者は、法人税または所得税の課税所得金額の計算にあたり、その取引に係る消費税等の経理処理について**税込経理方式**または**税抜経理方式**のいずれかを**選択**することができる。対して、免税事業者は**税込経理方式のみ**とされ、税抜経理方式を選択することはできない。

(2) 特定期間の課税売上高による納税義務の免除の特例

基準期間における課税売上高が1,000万円以下の事業者で適格請求書発行事業者としての登録を受けていない者については、納税義務を免除する事業者免税点制度が設けられているが、基準期間における課税売上高が1,000万円以下である事業者のうち、次に掲げる課税売上高が1,000万円を超える事業者は免税事業者としない。

① **個人事業者**のその年の**前年1月1日から6月30日まで**の間の課税売上高

② **法人**のその事業年度の**前事業年度**（7カ月以下のものなど（短期事業年度）を除く）開始の日から6カ月間の課税売上高

③ **法人**のその事業年度の**前事業年度が7カ月以下**などの場合で、その事業年度の前1年内に開始した前々事業年度があるときは、その前々事業年度開始の日から6カ月間の課税売上高（その前々事業年度が6カ月以下の場合には、その前々事業年度の課税売上高）

つまり、原則として、前年（法人は前事業年度）の上半期（6カ月間）の課税売上高が1,000万円を超える事業者は免税事業者に該当しないこととなる。

なお、事業者は上記①〜③の課税売上高の金額に代えて、その期間中に支払った所得税

法に規定する給与等の金額を用いることができる（国外事業者をのぞく（2024年10月1日以後開始課税期間以降））。つまり、上記①〜③の課税売上高が1,000万円を超えている場合でも、給与等の金額が1,000万円以下であれば免税事業者となることができる（基準期間における課税売上高が1,000万円以下である事業者で適格請求書発行事業者としての登録を受けていない者に限る）。

（3）新設法人の納税義務の免除の特例

基準期間における課税売上高が1,000万円以下の事業者で適格請求書発行事業者としての登録を受けていない者については、納税義務を免除する事業者免税点制度が設けられている。したがって、新たに設立された法人については基準期間が存在しないため、設立1期目および2期目は原則として免税事業者となる。

しかし、その事業年度の基準期間のない新設法人のうち、その事業年度開始日の資本金の額または出資金の額が1,000万円以上の法人については、その基準期間がない事業年度に含まれる各課税期間（当初2期分）の納税義務は免除しないこととする特例が設けられている。外国法人は基準期間を有する場合でも、国内における事業開始時にこの特例の適用の判定を行う（2024年10月1日以後開始課税期間以降）。この当初2期分の課税期間については、原則として簡易課税を適用することもできる。なお、設立3期目以後の課税期間における納税義務の有無の判定については、原則どおり、基準期間における課税売上高で行うこととなる。

なお、この特例により納税義務が免除されない課税期間（当初2期分）に調整対象固定資産（棚卸資産以外の建物、構築物、機械および装置などの資産で税抜金額が100万円以上のもの）を取得し、原則課税制度により消費税の確定申告を行った場合は、事業を廃止するときを除き、その取得があった課税期間を含む3年間は免税事業者となることはできず、簡易課税制度も選択できない。

（4）特定新規設立法人の納税義務

事業年度の基準期間がない法人で、その事業年度開始の日における資本金の額または出資金額が1,000万円未満の法人（新規設立法人）のうち、次の①、②のいずれにも該当するもの（特定新規設立法人）については、当該特定新規設立法人の基準期間のない事業年度に含まれる各課税期間について、納税義務が免除されないこととなる。

① その基準期間がない事業年度開始の日において、他の者により当該新規設立法人の株式等の50％超を直接または間接に保有される場合など、他の者により当該新規設立法人

が支配される一定の場合（特定要件）に該当すること

② 上記①の特定要件に該当するかどうかの判定の基礎となった他の者および当該他の者と一定の特殊な関係にある法人のうちいずれかの者（判定対象者）の当該新規設立法人の当該事業年度の基準期間に相当する期間（基準期間相当期間）における課税売上高が5億円を超えていること

また、その事業者の国外分を含む収入金額が50億円超である者が直接または間接に支配する法人を設立した場合の法人も、納税義務が免除されない（2024年10月1日以後開始課税期間以降）。

(5) 高額特定資産を取得した場合の納税義務の免除の特例 ─

事業者（免税事業者を除く）が、簡易課税制度の適用を受けない課税期間中に、一定の高額特定資産（国内における棚卸資産および調整対象固定資産のうち、その価額が一取引単位につき税抜1,000万円以上のもの）の課税仕入等を行った場合には、当該資産の仕入等の日の属する課税期間から当該課税期間の初日以後3年を経過する日の属する課税期間までの各課税期間においては、納税義務の免除および簡易課税制度の適用は受けられない。

なお、2024年4月1日以後国内において取得した金または白金の地金等の額の合計額が200万円以上である課税期間も納税義務の免除および簡易課税制度の適用が受けられなくなった。

また、本制度では、高額特定資産を取得した免税事業者が、翌事業年度に課税事業者となり、翌々事業年度に再度免税事業者となって当該資産を売却した場合、仕入税額控除が適用されるうえに売却に係る消費税の納付が免除され、益税が可能であった。このような問題に対して、2020年度税制改正により、納税義務の免除および簡易課税制度の適用を受けられない措置の対象に、「棚卸資産の調整措置を受けた場合」が加えられ、2020年4月1日以後、上記のような益税ができなくなっている。

第4章

実務上のポイント

- 消費税の免税事業者である法人は、法人税の課税所得金額の計算にあたり、その取引に係る消費税等の経理処理について税込経理方式しか選択することができない。
- 設立1期目で事業年度開始の日における資本金等の額が1,000万円以上である新設法人は、その事業年度は消費税の課税事業者となる。
- 基準期間における課税売上高が1,000万円以下の事業者でも、前事業年度の前半6カ月間の課税売上高および給与等の金額が1,000万円を超える場合は、消費税の課税事業者となる。

第2節 納付税額

❶ 納付税額の計算

消費税は、消費一般に対して広く公平に税負担を求めるため、平成元年4月から施行されている。生産、流通、販売などの各段階において他の事業者や消費者に財貨の販売・サービスの提供を行う「事業者」を納税義務者とし、その売上に対して課税を行うが、税の累積を排除するために、売上に係る消費税額から仕入に係る消費税額を控除して、その差引税額を納付する。

なお、消費税においては「仕入」や「課税仕入」という用語が使用されることが多いが、これは消費税法上の用語で、いわゆる商品等の仕入取引に限ったことではなく、消費税の課税対象となる取引の支払いをした場合に、支払い側でこのように表現される。

> 納付すべき消費税額＝課税売上に係る消費税額－課税仕入に係る消費税額
> ⇩
> 仕入税額控除

消費税の税率は、2019年10月1日に〔図表4-2〕のとおり引き上げられ、消費税率7.8％、地方消費税率2.2％となっている。また、課税資産の譲渡等のうち、次に掲げるものには、軽減税率8％（消費税率6.24％、地方消費税率1.76％）が適用されている。

① 飲食料品（食品表示法に規定する食品（酒税法に規定する酒類を除く）をいい、食品と食品以外の資産が一の資産を形成し、または構成している一定の資産を含む）の譲渡

② 一定の題号を用い、政治、経済、社会、文化等に関する一般社会的事実を掲載する新聞（1週に2回以上発行する新聞に限る）の定期購読契約に基づく譲渡

①での飲食料品とは、人の飲用または食用に供されるものに限られるため、家畜の飼料やペットフードの販売は軽減税率の適用対象とならない。なお、特定保健用食品や栄養機能食品は飲食料品とみなされ、その販売は軽減税率の適用対象となる。

〔図表 4 − 2〕消費税等の税率

適用開始日	2014 年 4 月 1 日	2019年10月1日	
		標準税率	軽減税率
消費税率	6.3%	7.8%	6.24%
地方消費税率	1.7%	2.2%	1.76%
合計	8.0%	10.0%	8.0%

（※）改正後の税率は、適用開始日以後に行われる資産の譲渡等、課税仕入等に係る消費税について適用
　　され、適用開始日前に行われた資産の譲渡等、課税仕入等に係る消費税については、改正前の税率
　　が適用されることになる。ただし、適用開始日以後に行われる資産の譲渡等のうち一定のものにつ
　　いては、改正前の税率を適用することとするなどの経過措置が講じられている。

　加えて、軽減税率制度の実施に伴い、消費税の仕入税額控除の方式は、2019年10月 1 日
から2023年 9 月30日までは区分記載請求書等保存方式とされており、2023年10月 1 日から
は適格請求書等保存方式となった。

(1) インボイス制度（適格請求書等保存方式）の導入 （2023年10月1日〜）

　消費税の納付税額は、原則として課税期間中の課税標準である「課税売上に係る消費税
額」から「課税仕入に係る消費税額」を控除して計算する。

　2019年 9 月30日までは、一定の帳簿および請求書等を保存していれば、課税仕入れの相
手方が課税事業者または免税事業者のいずれであっても、「課税仕入に係る消費税額」を
控除することができたが、2023年10月以降は、課税仕入れの相手方から一定要件を満たし
た適格請求書（インボイス）の交付を受けないと仕入税額控除を行うことができなくなっ
た。

　2019年10月 1 日から2023年 9 月30日までの期間は、インボイス制度導入のための助走期
間として「区分記載請求書等保存方式」が導入されていた。2019年 9 月以前と同様に免税
事業者への支払いであっても仕入税額控除を行うことができるが、一定事項が記載された
帳簿を保存し、かつ、下記の事項が記載された請求書等を保存することが仕入税額控除の
要件とされていた（一定の例外を除く）。

区分記載請求書等の記載事項

① 請求書等の発行者の氏名または名称
② 取引年月日
③ 取引内容（軽減税率対象品目である場合は、その旨）
④ 取引金額（税率区分ごとの合計額）
⑤ 請求書等受領者の氏名または名称[※]

（※）小売業や飲食店業などは省略することができる。

① 適格請求書発行事業者の登録

a．課税事業者の登録

インボイス制度は、事業者登録制度（適格請求書発行事業者登録制度）を基礎としている。課税事業者のみが登録事業者（適格請求書発行事業者）になることができ、登録事業者しか適格請求書を発行することができない。通常、課税事業者は登録事業者になると考えられるが、登録事業者となるかどうかは任意とされている。一見不思議に感じるかもしれないが、課税資産の譲渡等の相手方が事業者でないことが明らかな業種の場合、課税事業者であっても登録事業者とならないという選択肢もあり得る（例えば、学習塾など。取引の相手方は小学生や高校生で仕入税額控除を行う可能性はなく、適格請求書を要求される可能性はまずないと思われる）。登録申請は書面、e-Tax のどちらでも行うことができる。

b．免税事業者の登録

前述したとおり、消費税の免税事業者は登録事業者となることはできず、適格請求書を発行することはできない。免税事業者から課税資産の譲渡等を受けた事業者は、適格請求書の交付を受けることができず仕入税額控除を適用できないため、免税事業者は課税事業者を選択して登録事業者となる（＝適格請求書を発行できる）ことも考えられる。免税事業者の登録については、いくつかの特例が設けられている。

- 免税事業者は2023年10月1日から2029年9月30日までの日の属する課税期間においては「課税事業者選択届出書」を提出することなく登録申請書の提出により登録事業者（適格請求書発行事業者）になることができる。この場合には、課税期間の初日からではなく課税期間の中途から登録をすることも可能である。

- 課税期間の初日から登録を受けようとする場合には、課税期間の初日から起算して15日前の日までに登録申請書を提出すればよい。この場合、その課税期間の初日以後に登録がされた時は、同日に登録がされたものとみなされる。

- 2023年10月1日から2029年9月30日までの日の属する課税期間において登録する免税事業者が、登録日の属する課税期間から簡易課税を選択しようとする場合には、その

課税期間中に簡易課税選択届出書を提出すればよい。

● 免税事業者が2023年10月1日の属する課税期間から登録した場合には、課税事業者を選択した場合の2年間の継続適用の縛りがない。

② 適格請求書・適格簡易請求書〔図表4−3〕

適格請求書には、次の事項を記載する必要がある。

適格請求書の記載事項
①適格請求書発行事業者の氏名または名称および登録番号
②取引年月日
③取引内容（軽減税率対象品目である場合は、その旨）
④税率ごとに区分して合計した対価の額（税抜きまたは税込み）および適用税率
⑤税率ごとに区分した消費税額等
⑥書類の交付を受ける事業者の氏名または名称

今までの請求書等でも「登録番号」以外のものは概ね記載されていると考えられる。複数税率の売上がある事業者については、③、④、⑤について、留意が必要である。

適格請求書発行事業者が、小売業、飲食店業、写真業、旅行業、タクシー業または駐車場業など、不特定多数の者に課税資産の譲渡等を行う場合には、適格請求書に代えて適格簡易請求書を交付することができる。

適格簡易請求書の記載事項
①同上
②同上
③同上
④税率ごとに区分して合計した対価の額（税抜きまたは税込み）
⑤税率ごとに区分した消費税額等または適用税率

不特定多数の者に交付することを想定しているため、適格簡易請求書には「書類の交付を受ける事業者の氏名または名称」を記載する必要はない。また、消費税については、税額または税率のどちらかを記載すればよい。

適格請求書発行事業者は、課税事業者から求められた場合には、原則として、適格請求書または適格簡易請求書を交付し、その写しを保存しなければならない。また、売上対価の返還等（返品、値引き等）を行った場合には、適格返還請求書を交付しなければならない。ただし、売上対価の返還等が税込み1万円未満の時は、適格返還請求書の交付義務が免除される。

〔図表4－3〕適格請求書および適格簡易請求書の記載例

【記載事項】　○　下線の項目が、現行の区分記載請求書の記載事項に追加される事項である。

　　　　　　　○　不特定多数の者に対して販売等を行う小売業、飲食店業、タクシー業等に係る取引
　　　　　　　　　については、適格請求書に代えて、**適格簡易請求書**を交付することができる。

適格請求書

① 適格請求書発行事業者の氏名または名称および
　登録番号
② 取引年月日
③ 取引内容（軽減税率の対象品目である旨）
④ 税率ごとに区分して合計した対価の額
　（税抜きまたは税込み）および適用税率
⑤ 税率ごとに区分した消費税額等※
⑥ 書類の交付を受ける事業者の氏名または名称

適格簡易請求書

① 適格請求書発行事業者の氏名または名称および
　登録番号
② 取引年月日
③ 取引内容（軽減税率の対象品目である旨）
④ 税率ごとに区分して合計した対価の額
　（税抜きまたは税込み）
⑤ 税率ごとに区分した消費税額等※または適用税率

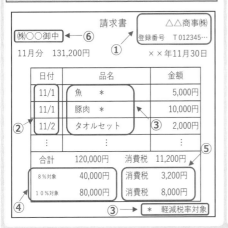

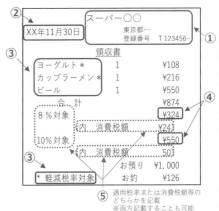

※　⑤の「税率ごとに区分した消費税額等」の端数処理は、一の適格請求書につき、税率ごとに1回ず
　つとなる。

資料：国税庁ホームページより

③　適格請求書の交付義務の免除

　次の課税資産の譲渡等については、適格請求書の交付義務が免除される。

適格請求書の交付義務が免除されるもの

> ① 3万円未満の公共交通機関（船舶、バスまたは鉄道）による旅客の運送（公共交通機関特例）
> ② 出荷者が卸売市場において行う生鮮食料品等の販売で、出荷者から委託を受けた受託者が卸売の業務として行うもの（卸売市場特例）
> ③ 生産者が農協、漁協、森林組合等に委託して行う農林水産物の販売で、無条件委託方式かつ共同計算方式により生産者を特定せずに行うもの（農協特例）
> ④ 3万円未満の自動販売機による商品の販売等（自動販売機特例）
> ⑤ 郵便切手類のみを対価とする郵便・貨物サービス（郵便ポストに差し出されたものに限る）

　これらは商慣習や販売形態等からみて、適格請求書を交付することが難しく、交付義務を免除したものと考えられる。

④ 中小事業者の事務負担軽減措置

　a．免税事業者が課税事業者を選択した場合、消費税額の負担軽減を図るため、2023年10月1日から2026年9月30日までの日の属する課税期間について、納税額を売上げに係る消費税額の2割に軽減する措置が講じられる（2割特例）。

　b．基準期間の課税売上高が1億円以下または特定期間における課税売上高が5,000万円未満の事業者は、2023年10月1日から2029年9月30日まで間に税込み1万円未満の課税仕入れを行った場合には、適格請求書の取得・保存を不要とし、一定事項が記載された帳簿のみの保存で仕入税額控除を行うことができる。

(2) 一般課税

① 課税売上割合が95％以上の場合

　消費税の納付税額は、原則として（課税売上割合[注]95％以上の場合）、課税期間中の課税標準である「課税売上に係る消費税額」から「課税仕入に係る消費税額」の金額を控除した残額である。

注 課税売上割合＝ $\dfrac{課税売上高＋免税売上高（税抜）}{課税売上高＋免税売上高＋非課税売上高（税抜）}$

一般課税制度（課税売上割合95％以上の場合）

> 消費税額＝課税売上高（税抜）×7.8％[※]－課税仕入高（税抜）×7.8％[※]
>
> 地方消費税額＝消費税額× $\dfrac{22}{78}$

> （※）　軽減税率の対象とされるものについては6.24％となる。

　なお、この課税売上割合が95％以上の場合に課税仕入等の税額の全額を仕入税額控除する制度については、その**課税期間**の**課税売上高**が**5億円**（その課税期間が1年に満たない場合には年換算した金額）を超える事業者には**認められず**、下記②により計算する。

②　課税売上割合が95％未満の場合等

　課税売上割合が95％未満の事業者や、その課税期間の課税売上高が5億円（その課税期間が1年に満たない場合には年換算した金額）を超える事業者については、**課税売上に対応する課税仕入の税額**だけが、課税売上に係る税額から**控除できる**。

　この課税売上に対応する課税仕入の税額は、以下のいずれかの方法により計算した金額となる。どちらを選択するかは事業者の任意である。ただし、一括比例配分方式は2年以上の継続適用を要件としている。

ａ．個別対応方式

　課税仕入を、課税売上にのみ要するもの、非課税売上にのみ要するもの、両者に共通して要するものに区分して、計算する方法である。

仕入税額控除

$$\left(\begin{array}{l}\text{課税売上に直接}\\\text{対応する税額}\end{array}\right) + \left(\begin{array}{l}\text{課税売上・非課税}\\\text{売上に共通する税額}\end{array}\right) \times \text{課税売上割合}$$

ｂ．一括比例配分方式

　課税仕入に係る税額に課税売上割合を乗じて計算する方法である。

仕入税額控除

　課税仕入に係る消費税額×課税売上割合

③　居住用賃貸建物の取得に係る消費税の仕入税額控除制度等の適正化

ａ．居住用賃貸建物の取得に係る仕入税額控除制度の見直し

　住宅の貸付は消費税の非課税取引である。そのため、居住用賃貸建物（住宅の貸付に供しないことが明らかな建物以外の建物であって高額特定資産に該当するもの）を取得した場合には、住宅の家賃（非課税売上）に対応する仕入（支出）に該当するため、本来は仕入税額控除の適用を受けることができない。しかし、金地金の売買等により意図的に課税売上割合を引き上げ、居住用賃貸建物に係る消費税還付を受ける事例が散見されていた。

　このような問題を踏まえ、2020年度税制改正により、居住用賃貸建物を取得した場合に

仕入税額控除を適用することができなくなった。ただし、居住用賃貸建物のうち住宅の貸付の用に供しないことが明らかな部分については、引き続き仕入税額控除の対象となる。

なお、本改正で仕入税額控除の適用対象外となった居住用賃貸建物を、その取得日の属する課税期間の初日以後3年を経過する日の属する課税期間の末日までに、住宅の貸付以外の貸付の用に供した場合、または譲渡した場合には、一定の方法により計算した金額を、その3年を経過する日または譲渡日の属する課税期間において、仕入税額控除の対象とすることができる。

ｂ．貸付に係る用途が明らかにされていない場合の取扱い

2020年度税制改正により、住宅の貸付に係る契約において貸付の用途が明らかにされていない場合であっても、その建物の状況等から居住用であることが明らかな場合には、消費税を非課税とすることとされた。改正前は、契約上の貸付の用途が明らかにされていない場合は課税されていたが、建物の状況等から明らかに居住用であると判断される貸付は、非課税とされる。

(2) 簡易課税制度

課税期間の**基準期間**における**課税売上高**が**5,000万円以下**である事業者については、選択により、みなし仕入率を乗じた金額を控除対象仕入税額とすることができる。ただし、課税期間の初日に税法上の恒久的施設を有しない国外事業者は、簡易課税制度を適用できない（2024年10月1日以後開始課税期間以降）。

この特例の適用を受けるためには、**簡易課税制度選択届出書**を原則としてその課税期間の開始日の前日までに所轄税務署長に**提出**しなければならない。

簡易課税制度

消費税額＝課税売上高（税抜）×7.8%$^{(*)}$－課税売上高（税抜）×7.8%$^{(*)}$×みなし仕入率

地方消費税額＝消費税額×$\dfrac{22}{78}$

（※） 軽減税率の対象とされるものについては6.24%となる。

〈みなし仕入率〉

事業区分	みなし仕入率	該当する事業
第1種事業	90%	卸売業
第2種事業	80%	小売業
第3種事業	70%	農林水産業、鉱業、建設業、製造業、電気業、ガス業等
第4種事業	60%	飲食店業等
第5種事業	50%	運輸通信業、金融・保険業、サービス業（飲食店業を除く）

第6種事業	40%	不動産業

〈2種類以上の事業を兼業している場合のみなし仕入率〉

　原則として、それぞれの事業の種類名ごとにみなし仕入率を適用するが、1種類の事業の売上高が全体の**75％以上**を占める場合、その事業のみなし仕入率を他の事業に対しても適用することができる。

　なお、3種類以上の事業を営む事業者で、特定の2種類の事業の売上高の合計額が全体の売上高の75％以上を占める場合、その2業種のうちみなし仕入率の高いほうの事業の売上高にはそのみなし仕入率を適用し、その他の売上高には、その2業種のうち低いほうのみなし仕入率を適用することができる。

〈2018年度税制改正による改正事項〉

　2018年度税制改正により、2019年10月1日から、農林水産業（第3種事業、みなし仕入率70％）のうち、消費税の軽減税率が適用される食用の農林水産物を生産する事業は第2種事業（みなし仕入率80％）とされている。この改正は、同日前における食用の農林水産物を生産する事業については適用されない。

　この制度を選択した場合には、原則として**2年間**は**変更**することができない。また、一度提出すれば、免税事業者になった後に課税事業者になっても再提出しなくてもよい。

　なお、**災害に伴うやむを得ない事情**により**簡易課税制度の選択を変更する必要**が生じた場合は、当該**災害のやんだ日から2カ月以内**に所轄税務署長に**申請書を提出**し、承認を受けることで、**選択後2年以内**であっても**変更が認められる**。

　簡易課税を選択した事業者が簡易課税を取りやめて**原則課税とする**場合は、その**課税期間の開始の前日**までに、**簡易課税制度不適用届出書**を所轄税務署長に**提出**する。

　多額の設備投資をしたような場合や輸出業を営んでいる場合、原則課税の場合は「課税売上に係る消費税額」よりも「課税仕入に係る消費税額」のほうが多くなるため、消費税額が還付されることがあるが、**簡易課税を選択**した場合には業種によりみなし仕入率が決まっており、実額での仕入税額控除はできないため、消費税額の**還付は受けられない**。

（3）課税期間を短縮すると有利なケース

　前述のとおり、多額の設備投資をしたような場合等に、原則課税によれば消費税額は還付されることがある。そこで、課税期間の開始の前日までに、免税事業者の場合には課税事業者選択届出書、簡易課税を選択している場合には簡易課税制度不適用届出書を提出することにより、還付を受けることが可能になる。

　これらの手続をその課税期間の開始の前日までに行っていない場合には、課税期間を3カ月または1カ月に短縮し、設備投資等をするその課税期間の開始の前日までに免税事業

第4章

者の場合には課税事業者選択届出書、簡易課税を選択している場合には簡易課税制度不適用届出書を提出し、原則課税にすることにより消費税額の還付が受けられる。

(4) 返還等対価に係る税額

　課税事業者が、販売した商品について返品を受けて対価の返還をした場合、または値引きもしくは割戻し等をした場合には、対価の返還等をした課税期間において、消費税額から返還等した金額に係る消費税額の合計額を控除することができる。

(5) 貸倒れによる税額

　課税事業者が、貸倒れにより税込価額の全部または一部の領収をすることができなくなったときは、貸倒れが発生した課税期間において、消費税額から領収をすることができなくなった額に係る消費税額を控除することができる。

❷ 申告と納付

(1) 中間申告・納付

　事業者（免税事業者を除く）は、直前の課税期間の年税額の区分により、〔図表4−4〕の期日までに、所轄税務署長に中間申告書を提出するとともに、それぞれの消費税等の中間納付額を国に納付しなければならない。

(2) 確定申告と納付

　法人の場合、課税期間ごとにその課税期間の末日の翌日から2カ月以内に、確定申告書を提出するとともに納付をしなければならない。個人事業者の場合、消費税の確定申告書の提出期限と納付期限は翌年3月31日までとなっている。

　なお、消費税の還付申告書（仕入控除税額の控除不足額の記載のあるものに限る。つまり、単なる中間納付分の還付ではないことが必要）を提出する事業者に対し、「仕入税額控除に関する明細書」の還付申告書への添付が義務付けられている。

(3) 法人に係る消費税の申告期限の特例

　法人税の確定申告書の提出期限の延長の特例の適用を受け、かつ、消費税の確定申告書

〔図表 4 - 4〕 消費税の中間申告期限

直前の課税期間の確定消費税額（地方消費税を除く）	4,800万円超	400万円超4,800万円以下	48万円超400万円以下（課税期間 6 カ月超）	48万円以下
申告期間	1 カ月ごと	3 カ月ごと	6 カ月ごと	必要なし（一定の届出により任意の中間申告が可能）
納付額	直前の年税額の 1 カ月相当額（または仮決算による税額）	直前の年税額の 3 カ月相当額（または仮決算による税額）	直前の年税額の 6 カ月相当額（または仮決算による税額）	
申告期限	1 月中間申告対象期間の末日の翌日から 2 カ月以内	3 カ月、6 カ月および 9 カ月を経過する日から 2 カ月以内	6 カ月を経過する日から 2 カ月以内	

の提出期限を延長する旨の届出書を提出することで、法人に係る消費税の確定申告書の提出期限を 1 カ月延長できる。なお、延長された期間の消費税の納付にあたっては、延長された期間に係る利子税をあわせて納付する必要がある。

実務上のポイント

- 課税期間の基準期間における課税売上高が5,000万円以下である事業者は、選択により、みなし仕入率を乗じた金額を控除対象仕入税額とすることができる（簡易課税制度）。
- 簡易課税制度の適用を受けようとする者は、原則として課税期間開始日の前日までに、「消費税簡易課税制度選択届出書」を所轄税務署長に提出しなければならない。
- 「消費税簡易課税制度選択届出書」を提出した事業者は、事業の廃止や災害等の場合を除き、原則として2年間は簡易課税制度の選択を変更することができない。
- 簡易課税制度の適用を受ける事業者が、2種類以上の事業を営む事業者で、1種類の事業の課税売上高が全体の課税売上高の75％以上を占める場合には、その事業のみなし仕入率を全体の課税売上に対して適用することができる。
- 簡易課税制度を選択した事業者は、原則として消費税額の還付を受けることはできない。
- 消費税の確定申告書は、原則として、法人は事業年度の末日の翌日から2カ月以内に、個人はその年の翌年3月31日までに、納税地の所轄税務署長に提出しなければならない。

第 5 章
会社、役員間および
会社間の税務

会社設立（法人成り）

個人事業者が会社を設立して、その会社に事業を移すことを**法人成り**という。

事業を個人で営むのか、法人で営むのかは、事業の目的や実態、将来像、法人にした場合の長所・短所や特色をよく把握したうえで、慎重に決める必要がある。

法人を設立した場合は、設立の日以後**2カ月以内**に、**定款等の写し**を添付した法人設立届出書を納税地の所轄税務署長に提出することとされている。

❶ 会社設立のメリット

① 事業の信用

会社を設立するには、会社名や役員氏名、資本金額等を登記所に登録しなければならない。一定の手続を経ているため、個人事業に比べ、法人事業である会社は社会的に信用されている。また、従業員の募集においても個人事業より有利といえる。

② 資金の調達

少額の資金であれば、個人の信用で調達できるが、多額の資金を必要とする場合は、会社組織にして、出資を募るほうが資金を集めやすい。

③ 税負担軽減

a．超過累進税率（個人）から比例税率（法人）への移行

個人事業であれば、利益は事業所得として他の所得と合算して最高45％の累進税率で所得税が課されるが、法人に課される法人税は、会社の形態を問わず、基本的に一定税率（19％（注）または23.2％）である。

🈲 中小企業の軽減税率は、2012年4月1日から2025年3月31日までの間に開始する事業年度の所得の金額のうち、年800万円以下の金額に対する税額が、特例により15％となっている。

所得税と法人税では、〔図表5－1〕のように課税計算の仕組みが異なるので、単純な比較はできないが、利益が多くなれば、法人事業にしたほうが税負担は少なくなる。

〔図表5-1〕法人税と所得税の取扱いの差異（例）

所得税の取扱いが有利な点	法人税の取扱いが有利な点
・配当所得における申告不要制度 ・居住用財産の譲渡の特例 ・一時所得の特別控除（50万円）と2分の1課税 ・総合課税の譲渡所得の特別控除（50万円） ・総合長期譲渡所得の2分の1課税 ・青色申告特別控除制度 ・変動所得、臨時所得の平均課税 ・交際費における必要経費の限度額なし ・貸倒引当金の繰入率は1,000分の55	・所得の分類がないので、個人であれば配当や譲渡所得、雑所得などの損失で損益通算が除外されているものでも通算される ・利子所得にかかる経費の損金算入 ・損失の繰越控除期間が10年間（所得税は3年間） ・受取配当等の益金不算入

b．所得の分散による所得の圧縮

　個人事業では、事業主の親族に支払う給与を必要経費とするには制約がある。会社形態の場合、仕事等に応じて給与等を支給していれば、原則として経費（損金）になる。

　事業主（経営者）に支払う給料も、個人事業では必要経費にならないが、会社形態の場合、原則として会社の損金にできる。給与所得の計算において、給与所得控除（給与に対するみなし経費の控除）が適用されるので、結果的に、経費を重複して計上することができる。

c．退職金の支給

　個人事業では、事業主が事業をやめた場合、事業主が自分に退職金を支払っても必要経費にならないが、法人事業では、経営者が退職して退職金を支払った場合においても、適正な金額までは損金の額に算入される。

d．その他

　個人事業であれば、接待交際費は経費の算入額に制限ないが、法人事業では算入限度額があるなど法人事業が不利な場合もある。しかし、一般的にいえば、法人事業のほうが、所得税や法人税だけでなく、相続税においても税負担を軽減できる余地は大きい。

④　決算期

　個人事業は、暦年（1月1日から12月31日）単位で計算するので、必然的に12月31日決算となるが、会社であれば決算は1年に1回、任意に選択できる。

第5章

② 会社設立のデメリット

① 事務処理の煩雑化・事務コストの増加

　各官庁に対する諸届けや申告などの事務処理が煩雑になる。

　税務申告も、個人の確定申告に比べ、法人税は計算も作成する書類も複雑になるため、通常は税理士に依頼することになり、事務コストが重くなる。

② 社会保険への加入義務・費用の増加

　個人事業の場合、従業員が少なければ、社会保険の加入義務がなく未加入である場合が多い。これに対して法人成りをすると、社会保険の加入が義務付けられるため、加入に伴い事業主負担が発生する。

③ 資本金の準備

　旧商法では、有限会社は300万円、株式会社は1,000万円を必要とする最低資本金制度があったが、会社法施行により撤廃されたため、資本金1円でも会社の設立は可能である。

　しかし、現実的には事業を行うには相応の資金が必要となるので、一定額の金銭を資本金として準備せざるを得ないであろう。ただし、資本金は保証金ではないので、会社の設立後、資本金相当額の金銭を引き出し、事業資金として使用することができる。また、事業用の資産そのものを会社に出資（現物出資）することもできる。

第**2**節
会社と役員間の取引と税務

　会社と役員との間では給与の支払から始まり、資産の譲渡や賃貸借、金銭の貸借や第三者割当増資等、さまざまな取引が行われることが多く、特に株式非公開の企業等で、オーナー社長と会社との間の取引において顕著である。

　こうした場合には、オーナー個人としての立場と会社の代表取締役としての立場が重なり合い、不明瞭な取引となりやすい。そこで税法では画一的な基準を設けて、納税額が不当に減少するような取引を認めない方針を設けている。

❶ 役員退職金の支給

　会社と役員間の取引において、金額的な重要性が高いものとして役員退職金の支給がある。役員退職金は、中小企業においても数億円単位になることがあり、その金額の合理性・客観性を保つために税法ではさまざまな規定を設けている。役員退職金は、原則的に損金算入されるが、不相当に高額な部分は損金には算入されないため、退職役員の業務に従事した期間、退職の事情、同種同規模の類似法人の退職給与の支給状況等を考慮して、役員退職金を決める必要がある。

　役員退職金を不動産や株式で現物支給した場合は、適正な時価が役員退職金の金額とされ、適正な時価と帳簿価額との差額は譲渡損益として計上される。なお、役員の死亡による退職金の支給の場合には、退職金とは別に弔慰金が支払われるケースが一般的であるが、その場合には相続税法の規定を準用し、**業務上の死亡**の場合には普通給与の**3年分**の額、**業務外の死亡**の場合には普通給与の**半年分**の額以内の額が弔慰金の適正額とされている。

　役員退職金は、役員個人にとっては退職所得として所得税・住民税の課税対象になるが、退職所得控除額を差し引いた後の金額を2分の1にして、かつ、分離課税として課税されるため、他の所得に比べ有利な取扱いとなっている。ただし、勤続年数5年以下の役員等に対する退職金については、2分の1課税は適用されない。

第5章

❷ 資産の売買

　法人とその役員間での資産の売買は、会社法上の自己取引行為に該当するので、株主総会の決議等の会社法上の手続を経なければならない。

　また、税務上も税務当局に疑惑をもたれることが多いので、きちんとした対応をする必要がある。特に売買価額が適正な時価かどうかがポイントになる。専門家等のアドバイスを得て、売買契約書、取締役会議事録の作成、代金の決済、登記などをきちんとして、所有権の移転があったことを明確にしておくことが重要である。

(1) 法人所有資産の役員への低額譲渡

　法人所有の資産をその**役員に低額で譲渡**した場合は、法人の側では**時価で譲渡**したものとされ、その**時価との差額**については**損金不算入の役員給与**（役員給与のうち定期同額給与、事前確定届出給与、業績連動給与その他一定の給与に該当しないものは損金不算入）を支給したものとされる。また、**役員の側**では、時価と対価の差額は**役員給与（給与所得）**を支給されたものとして所得税・住民税が課される。

例　題

Q:

　法人所有の時価1億円の土地（帳簿価額1,000万円）を、その役員へ4,000万円で低額譲渡した場合の課税はどうなるか。

A:

法人の税務処理

現預金	4,000万円	土　地	1,000万円
役員給与（損金不算入）	6,000万円	譲渡益	9,000万円

　法人の側では時価の1億円で譲渡したものとされ、その差額（6,000万円）については役員に損金不算入となる役員給与を支給したものとされる。

　また、役員の側ではその差額について、役員給与の支給を受けたものとして給与所得に加算し、所得税・住民税が課税される。

(2) 法人所有資産の役員への高額譲渡

　法人所有の資産をその**役員**に**高額**で**譲渡**した場合は、**法人の側**では**時価**で譲渡したものとされ、その**時価を超える差額**については、**役員**から**贈与**を受けたものとされる。**役員の側**では**時価**で**譲渡**を受けたものとされる。

例　題

Q:

　法人所有の時価1億円の土地（帳簿価額1,000万円）を、その役員へ1億4,000万円で高額譲渡した場合の課税はどうなるか。

A:

法人の税務処理

現預金	1億4,000万円	土　地	1,000万円
		譲渡益	9,000万円
		受贈益	4,000万円

　法人の側では時価の1億円で譲渡したものとされ、その時価を超える差額4,000万円については役員から受贈益（益金）を受けたものとされる。
　また、役員の側ではその時価を超える差額4,000万円については単なる寄附（贈与）とされ、税務上は時価1億円で土地を取得したものとされる。

---

(3) 役員所有資産の低額譲受け

　法人がその**役員**の所有する**資産**を**低額**で買い入れた場合は、**法人の側**では**時価**でその資産を取得したものとされ、**時価との差額**については**受贈益**として法人の所得に加算される。**役員の側**では譲渡価額が譲渡所得の収入金額となるが、その**譲渡価額**が**時価の50％未満**であるときは、**時価**で**譲渡**したものとされる（みなし譲渡）。

例　題

Q:

　法人が、その役員から時価1億円の土地（取得費1,000万円）を、4,000万円で譲り受けた場合の課税はどうなるか。

A:

法人の税務処理

土　地	1億円	現預金	4,000万円
		受贈益	6,000万円

　法人の側では時価の1億円でその土地を取得したものとされ、時価との差額6,000万円についてはその役員からの受贈益（益金）として法人の所得に加算される。
　また、役員の側ではその譲渡価額4,000万円が時価1億円の50％未満であるので、時価の1億円で譲渡したものとされる（みなし譲渡）。

(4) 役員所有資産の高額譲受け

　法人がその役員の所有する資産を高額で買い入れた場合は、法人の側では時価によってその資産を取得したものとされ、時価を超える差額は役員給与（原則として損金不算入）を支給したものとされる。役員の側では役員給与として所得税・住民税が課される。

例　題

Q:

　法人が、その役員から時価1億円の土地（取得費1,000万円）を、1億4,000万円で譲り受けた場合の課税はどうなるか。

A:

法人の税務処理

土　地	1億円	現預金	1億4,000万円
役員給与（損金不算入）	4,000万円		

　　法人の側では時価の1億円でその土地を取得したものとされ、時価1億円を超える差額4,000万円については損金不算入の役員給与を支給したものとされる。

　　また、役員の側では時価1億円で譲渡したものとされ、時価1億円を超える差額4,000万円については役員給与の支給を受けたものとして給与所得に加算して所得税・住民税が課される。

❸ 資産の賃貸借

　土地の賃貸の場合には、借地権課税の問題に注意が必要である。

　土地を賃貸する場合に権利金の受渡しが行われる慣行のある地域で、法人が権利金の受渡しなしで土地を賃貸したときは、税務上は、通常受け取るであろう権利金相当額をいったん受け取ったうえで、これを相手方に贈与（相手方がその法人の代表者等である場合は損金不算入の役員給与として支給）したものと認定して課税の対象となる（**借地権の認定課税**）。

　ただし、権利金を受け取る代わりに、いわゆる「**相当の地代**」（更地価額のおおむね年6％程度）を**受け取っている**ときや、土地の一時使用、**使用貸借**の場合など、**借地権の認定課税が行われない**こともある。

　実務上は、法人経営、事業承継上、法人税・所得税などを総合的に勘案して長期的な視点から提案を検討し、権利金の有無（金額）、相当の地代（固定方式・改訂方式）か通常の地代（地代の金額）か、無償返還の届出の有無などを決める必要がある。

(1) 法人が所有する土地の役員への貸付

① 権利金の授受がない場合

a．会社側の取扱い

　通常権利金の授受をすべき地域において、**権利金の授受なく**、建物の所有を目的として土地を賃貸すると、前述のとおり、原則として、その**法人地主**は**権利金を受け取った**ものとされ、そのうえでその役員に**役員給与**（原則として損金不算入）を**支給**したものとされ、**借地権の認定課税の対象**となる。

b．役員側の取扱い

　通常権利金の授受をすべき地域において、権利金の授受なく、建物の所有を目的とし

て土地を賃借すると、原則として、その役員借地人においては、その**権利金相当額を役員給与（給与所得）**として所得税・住民税が課される。

②　相当の地代を支払った場合

　権利金を授受することに代えて、相当の地代を役員借地人が支払うこととした場合には、法人地主の借地権の認定課税および役員借地人の役員給与課税は行われない。

③　無償返還の届出

　権利金の授受も、相当の地代の支払もない場合で、法人地主と役員借地人との間で、将来その土地を無償で返還する契約を結び、両者が連名で、税務署に「**土地の無償返還に関する届出書**」を届け出た場合には、法人地主の借地権の認定課税は行われず、役員借地人には**相当の地代と実際の地代との差額が役員給与**として課される。

(2) 役員が所有する土地の借入れ

　役員が所有する土地を法人が借り入れた場合は、次のような取扱いとなる。

①　通常**権利金の授受をすべき地域**において、**権利金の授受なく**、建物の所有を目的として**土地を賃借**すると、原則として、その時点で法人借地人に**借地権の受贈益が認定課税**される。

②　権利金を授受した場合は、役員地主の側でその権利金相当額が不動産所得または譲渡所得として課税される。権利金を授受しない場合でも、役員地主には借地権の認定課税はない。

③　権利金を授受することに代えて、相当の地代を法人借地人が支払うこととした場合には、法人借地人の借地権の認定課税は避けられる。

④　権利金の授受も、相当の地代の支払もない場合で、法人借地人と役員地主との間で、将来その土地を無償で返還する契約を結び、両者が連名で、税務署に「**土地の無償返還に関する届出書**」を提出した場合には、法人借地人の借地権の**認定課税は避けられる**。

(3) 役員社宅の賃貸

　住宅手当を支給した場合は、給与所得として所得税・住民税が課される。

　社宅については一定額以上の負担金を本人から徴収していないときは、その差額についての経済的な利益を与えたものとされ、給与所得として**所得税・住民税が課される**。

　なお、会社・役員間の資産の賃貸借においては、契約書はもちろんのこと、取締役会議事録の整備、社宅の場合には社宅に関する規程の整備を行い、金額の客観性を立証する根拠書類を備えておくべきである。

役員社宅については以下の金額が基準となり、賃貸料がこれらより低額の場合はその差額について課税の対象となる。

① 役員社宅の通常の賃貸料（月額）

a．原則（小規模住宅を除く）

通常の賃貸料（原則）

$$\left\{ \begin{pmatrix} その家屋の固定資 \\ 産税の課税標準額 \end{pmatrix} \times \begin{array}{c} 12\% \\ (一定の建物の場合は10\%) \end{array} + \begin{pmatrix} その敷地の固定資 \\ 産税の課税標準額 \end{pmatrix} \times 6\% \right\} \div 12$$

b．借上げ社宅（小規模住宅を除く）

上記a．と会社が支払う借上げ賃料の50％相当額とのいずれか高い金額

c．小規模住宅

貸与する家屋の床面積が132㎡以下（木造家屋以外の家屋については99㎡以下）である社宅については、上記a．b．にかかわらず、次の算式による金額（自社所有社宅、借上げ社宅とも）

通常の賃貸料（小規模住宅）

$$\begin{pmatrix} その家屋の固定資 \\ 産税の課税標準額 \end{pmatrix} \times 0.2\% + 12円 \times \dfrac{その家屋の総床面積（㎡）}{3.3㎡} + \begin{pmatrix} その敷地の固定資 \\ 産税の課税標準額 \end{pmatrix} \times 0.22\%$$

② 賃貸料の改定

通常の賃貸料の改定の時期は、固定資産税の課税標準額が改定される都度、固定資産税の第1期の納期限の翌月分から行う。

③ 豪華社宅

床面積が240㎡を超えるようないわゆる豪華な役員社宅については、取得価額、支払賃料の額、内装・外装、設備の状況などから総合的に判断して、社会通念上、一般に貸与されている住宅と認められない場合は、上記① a.～c. によらず、通常支払われるべき賃料による。

第5章

❹ 金銭の貸借

(1) 役員からの借入れ

その役員から法人への金銭の貸付については、金銭消費貸借契約書を作成し、法人は約定金利を支払い、その役員は雑所得として確定申告することになる。この場合の金利は、世間相場の水準で法人がほかから借入れできる金利水準に準じる。

なお、**役員が法人に無利息で貸付をした場合でも、原則として、役員に受取利息が認定課税されることはない。**

(2) 役員への貸付

法人からその役員への金銭の貸付については、原則として、おおむね年0.9%（前年11月30日までに財務大臣が告示する割合（2022年11月に告示された割合は0.4%）＋0.5%）の利率で法人に受取利息が認定される。

すなわち、役員が法人から**無利息または低利率**で金銭を借り入れた場合、法人側では原則として受取利息が認定課税される。役員側では、原則として「**通常収受すべき利息**」と「**実際に収受した利息**」の差額が役員給与とされる。

「通常収受すべき利息」は以下のように定められている。

① その金銭を法人が銀行等のほかから借り入れて、**役員へ貸し付けたことが明らかな場合は、その借入金の利率**

② 上記①以外の場合は、おおむね年0.9%

なお、災害、疾病等により臨時的に多額の生活費を要することとなった役員に対してその資金に充てるために貸し付けるようなケース、借入金の平均調達金利等により利息を徴収している場合、その年の経済的利益が5,000円以下のときは、課税しなくてもさしつかえないこととされている。

(3) 役員が行う保証債務の履行のための譲渡

法人の借入れについての保証人となっている役員が、法人が借入れの返済ができなくなったことにより、保証債務を履行するためにその役員が所有する資産を売却し、その資産の売却代金をもって法人の借入金を弁済した場合には、その役員は法人に対して求償権を取得する。

　しかし、この保証債務の履行により取得した求償権の全部または一部を行使することができない（その法人に返済力がない）と認められる場合には、その履行に伴う求償権を行使することができなくなった金額は、その役員の譲渡所得の金額の計算上、所得がなかったものとする特例がある。

　この特例を受けるには、以下の3つの要件すべてにあてはまる必要がある。

①　本来の債務者が既に債務を弁済できない状態であるときに、債務の保証をしたものでないこと

②　保証債務を履行するために土地建物等を売っていること

③　履行をした債務の全額または一部の金額が、本来の債務者から回収できなくなったこと

　この要件の「回収できなくなったこと」とは、本来の債務者に弁済能力がなく、将来的にも回収できない場合をいう。

　特例により、所得がなかったものとする部分の金額は、以下の①〜③のうち一番低い金額となる。

①　肩代わりをした債務のうち、回収できなくなった金額

②　保証債務を履行した人のその年の総所得金額等の合計額

③　売った土地建物等の譲渡益の額

例　題

Q:

　株式会社甲社が借入金5,000万円の返済ができなくなり、保証履行のため保証人である役員Aは自己が所有する土地（取得費400万円）を6,000万円で譲渡し、その売却代金で甲社の借入金5,000万円を弁済した。役員Aが甲社に対する求償権5,000万円のうち4,000万円については行使が不能である。

　この場合、役員Aの譲渡所得に係る所得税・住民税はそれぞれいくらになるか。なお、譲渡費用は240万円で、この土地の所有期間は30年、居住用ではないものとする。また、役員Aは甲社が借入金の返済ができなくなった状態のときに保証人になったものではないこととし、役員Aのその年の総所得金額等の合計額は6,000万円とする。

A: ....

　保証債務を履行するために資産の譲渡があった場合において、この保証債務の履行により取得した求償権の全部または一部を行使することができない場合には、その履行に伴う求償権を行使することができなくなった金額は、以下の①〜③のうち一番低い金額について、所得がなかったものとされる。

①　甲社から回収できなくなった金額　4,000万円
②　役員Aの総所得金額等の合計額　6,000万円
③　売却した土地の譲渡益
　　6,000万円−（400万円+240万円）＝5,360万円
　よって本例題の場合は、①の4,000万円について、所得がなかったものとされる。

（1）課税譲渡所得金額
(6,000万円−4,000万円) − （400万円+240万円）＝1,360万円
　　　　譲渡収入金額　　　　　　　取得費　　譲渡費用

（2）所得税および復興特別所得税
　1,360万円×15.315%＝208万2,840円（最終的な納税額は百円未満切捨て）

（3）住民税
　1,360万円×5%＝68万円

（4）第三者割当増資

　第三者割当増資とは、株主以外の第三者あるいは特定の株主に対して新株を発行することである。この方法は、オーナー個人の持株比率を高めたいときにオーナー個人に新株を割り当てるといった形式でも行われる。オーナー個人に対する新株の割当ても、広い意味での会社、役員間取引に該当するため、持株割合に応じた株主割当以外では、適正な時価での新株発行が求められる。

　時価未満での発行（有利発行）の場合、新株を引き受ける第三者または特定の株主に対して、他の株主から経済的利益の贈与があったものとして贈与税が課税されることがある。

　また、同族会社の増資が行われた際に、株主として新株引受権の割当てを受けた者がその新株引受権の全部または一部を引き受けなかったことによりその株主の親族に割当てが

あった場合、その新株の発行が適正な時価でないときは、その新株引受権を引き受けなかった者から、その新株引受権の割当てを受けた者が、その新株引受権を、原則として贈与によって取得したものとされ贈与税の課税対象になる。ただし、その割当てが従業員など親族以外の場合は、贈与税の対象にはならず、所得税・住民税の課税対象となる。

実務上のポイント

- 法人所有の資産を役員に低額譲渡した場合、法人側は時価で譲渡したものとされ、時価との差額は役員給与とされる。役員側は役員給与を支給されたものとされ、所得税・住民税が課される（給与所得）。
- 法人所有の資産を役員に高額譲渡した場合、法人側は時価で譲渡したものとされ、時価との差額は受贈益とされる。役員側は時価で取得したものとされる。
- 役員所有の資産を法人に低額譲渡した場合、法人の側では時価で取得したものとされ、時価との差額は受贈益とされる。役員側は、譲渡価額で譲渡したものとみなされる（譲渡所得）が、譲渡価額が時価の50％未満である場合、時価で譲渡したものとされる。
- 役員所有の資産を法人に高額譲渡した場合、法人の側では時価で取得したものとされ、時価との差額は役員給与とされる。役員側は役員給与を支給されたものとされ、所得税・住民税が課される（給与所得）。
- 役員が法人から無利息または低利率で金銭を借り入れた場合、法人側では、原則として受取利息が認定課税される。役員側では、原則として「通常収受すべき利息」と「実際に収受した利息」の差額が役員給与とされる。
- 法人が役員から金銭を借り入れた場合、役員が法人から受け取る約定金利は雑所得となる。なお、無利息の貸付の場合でも、原則として役員に受取利息が認定課税されることはない。
- 権利金を授受する慣行がある地域において、法人が、建物の所有を目的として役員の所有する土地を借りる場合、権利金や相当の地代の支払がなく、「土地の無償返還に関する届出書」の提出もないときには、法人側では原則として借地権の受贈益が認定課税される。
- 法人が所有する社宅に役員が居住し、一定額以上の負担金を役員から徴収していない場合、その差額については給与所得として所得税・住民税が課される。

第
5
章

171

第 **3** 節

グループ会社間の取引と税務

　グループ会社間では、従業員や役員が相互に出向・転籍していることがある。また、グループ会社間で資金貸付を行っている場合もあり、貸付先の会社の業績が不振の場合には、無利息貸付や最終的には債権放棄することも少なくない。これらのケースにおける税務上の取扱いは、以下のとおりである。

❶ 出向と転籍

（1）出向

　出向の場合は、出向者は雇用契約に基づいて出向元の会社における身分を有している。このため、出向元の会社が出向者に給与を支払う場合、出向先の会社は、出向元の会社に対して自己の負担するべき給与に相当する金額を支払うことになる。これを給与負担金という。

　出向者に支払われる給与と給与負担金は原則として同額であるが、事情により出向者に支払われる給与よりも給与負担金のほうが少ない、あるいは多い場合がある。両者の差額について合理的な理由があるときは、寄附金としての認定課税は受けない。しかし、合理的な理由がない場合、給与よりも給与負担金のほうが少ないときは出向元から出向先への寄附金が、給与よりも給与負担金のほうが多いときは出向先から出向元への寄附金が認定され、寄附金の限度超過部分は損金に算入されない。また、相手側には受贈益が認定される。

　また、出向先から出向者に直接給与が支払われる場合もある。その際に出向先の給与ベースが低いときはそのベースダウンした部分を出向元の会社が負担するケースがある。これを較差補てん金といい、直接出向者に支払う場合でも、出向先の会社に支払う場合でも、出向元法人において損金に算入される。

(2) 転籍

転籍の場合は、転籍前の会社を退職し、別の会社に就職することになる。したがって、給与の負担については出向の場合と異なり、転籍後の会社で給与を負担することとなり、較差補てん金は認められない。

また、退職給与については、転籍の際にいったん支払われるのが原則であるが、転籍時に退職給与の支給がなく、転籍後の会社において転籍前の会社との通算で支給される場合であっても、それぞれの会社の負担額が合理的基準で算定されている必要がある。仮に一方の会社の負担が過大（他方の会社の負担が過小）なときには、負担が多い会社から他方の会社に対しての寄附金が認定され、他方の会社には受贈益が認定される。

② 低額譲渡と高額譲渡

グループ会社間における取引としては、販売、仕入、リベート、不動産等の売買、不動産等の賃貸などがあるが、これらの取引は名目を問わず実質的な経済実態が伴い、妥当な価額（時価）によらなければならない。

時価よりも低い価額で資産を譲渡した場合（低額譲渡）には、譲渡会社では時価で譲渡したものとされ、時価と譲渡対価との差額（低額な部分）は寄附金とされる。また、購入会社では、時価で購入したものとされ、時価と購入価額との差額（低額な部分）は受贈益とされる〔図表5-2〕。

〔図表5-2〕低額譲渡の課税関係

① 譲渡会社の処理

時価で譲渡したとみなし、時価と帳簿価額の差額を譲渡益、時価と譲渡価額の差額相当額を取得した法人に対する寄附金とする。

② 譲受会社の処理

時価と譲受価額との差額相当額は受贈益となり、法人税が課される。

　たとえば、親会社のＰ社が子会社のＳ社に時価１億円（帳簿価額6,000万円）の土地を7,000万円で売却した場合、以下のように扱う（なお、Ｐ社とＳ社の間では完全支配関係がないものとする）。

〈Ｐ社の仕訳〉

現預金	7,000万円	土　地	6,000万円
寄附金	3,000万円	売却益	4,000万円

　Ｐ社では時価の１億円で譲渡したものとされ、その時価と譲渡対価との差額（3,000万円）についてはＳ社に対する寄附金とされる。したがって、寄附金の損金算入限度額を超える部分については、損金の額に算入されない。

〈Ｓ社の仕訳〉

土　地	1億円	現預金	7,000万円
		受贈益	3,000万円

　Ｓ社では、時価の１億円でその土地を取得したものとされ、その時価と購入価額の差額（3,000万円）については、Ｐ社からの受贈益として法人の所得に加算される。
　一方、時価よりも高い価額で資産を譲渡した場合（**高額譲渡**）には、譲渡会社では時価で譲渡したものとされ、時価と譲渡対価との差額（高額な部分）は受贈益とされる。また、購入会社では、時価で購入したものとされ、時価と購入価額との差額（高額な部分）は寄附金とされる〔**図表５－３**〕。
　たとえば、親会社のＰ社が子会社のＳ社に時価１億円の土地（帳簿価額6,000万円）を１億5,000万円で売却した場合、以下のように扱う（なお、Ｐ社とＳ社の間では完全支配関係がないものとする）。

〈Ｐ社の仕訳〉

現預金	1億5,000万円	土　地	6,000万円
		売却益	4,000万円
		受贈益	5,000万円

　Ｐ社では時価の１億円で譲渡したものとされ、その時価を超える差額（5,000万円）についてはＳ社からの受贈益として法人の所得に加算される。

〔図表5-3〕 高額譲渡の課税関係

① 譲渡会社の処理

時価で譲渡したとみなし、時価と帳簿価額の差額を譲渡益、時価と譲渡価額の差額を取得した法人からの受贈益とする。

② 譲受会社の処理

時価と譲受価額との差額相当額は寄附金となる。

〈S社の仕訳〉

土　地	1億円	現預金	1億5,000万円
寄附金	5,000万円		

　S社では、時価の1億円でその土地を取得したものとされ、その時価を超える差額（5,000万円）については、P社に対する寄附金とされる。したがって、寄附金の損金算入限度額を超える部分については、損金の額に算入されない。

❸ 無利息貸付と債権放棄

(1) 無利息貸付

　法人がその子会社等に対する貸付金がある場合においては、原則として、その貸付金の受取利息はその利息の計算期間の経過に応じて益金の額に計上する必要がある。しかし、その債務者である子会社等について、会社更生法の更生手続等の法律上の整理手続が開始されたことなど一定の事実が生じている場合には、その貸付金についての受取利息の計上をせず、実際に支払を受けた事業年度の益金の額に計上することができる。

(2) 債権放棄

　法人が子会社等に対する貸付金の利息を免除した場合や債権を放棄した場合には、原則

として、子会社等に対して経済的な利益を供与したものとして寄附金とされる。この場合においてはその債務免除額等については法人税法上の寄附金として扱われるため、寄附金の損金算入限度額を超える部分については、損金の額に算入されない。

しかし、次のような場合には、その取引に経済的な合理性があるものとして寄附金とされない。つまり、その全額が損金の額に算入される。

① 子会社等を整理する場合

法人がその子会社等の解散、経営権の譲渡等に伴い、その子会社等のために債務の引受その他の損失の負担または債権放棄等した場合において、その損失負担等をしなければ今後より大きな損失を被ることになることが社会通念上明らかであると認められるため、やむを得ずその損失負担等をするに至ったなど、そのことについて相当な理由があるときは、その損失負担等により供与する経済的な利益は寄附金に該当しないものとして取り扱われる。

② 子会社等を再建する場合

法人がその子会社等に対して金銭の無利息貸付、債権放棄等をした場合において、その無利息貸付、債権放棄等がたとえば業績不振の子会社等の倒産を防止するためにやむを得ず行われるもので、合理的な再建計画に基づくものである等、その無利息貸付、債権放棄等をしたことについて相当な理由があると認められるときは、その無利息貸付、債権放棄等により供与する経済的な利益は寄附金に該当しないものとして取り扱われる。

④ 完全支配関係がある法人間での取引に係る税制

完全支配関係のある法人間での取引には、いわゆるグループ法人税制が適用される。完全支配関係は、①一の者が法人の発行済株式等の全部を直接または間接に保有する関係（当事者間の完全支配関係）、②一の者との間に当事者間の完全支配の関係がある法人相互の関係のいずれかの関係がある場合をいう。完全支配関係は株主が個人の場合には、その同族関係者も一の者として判定する。

(1) 100％グループ内の取引等に係る税制

① 譲渡取引時の課税の繰延べ

100％グループ内の内国法人間で一定の資産の移転を行ったことにより生ずる譲渡損益は、グループ外等に移転等するまでの間、譲渡側の法人において計上を繰り延べ、その後、

グループ外等へ当該資産が移転等した時に、その移転を行った法人において**譲渡損益を計上**する〔図表5－4〕。

a．対象となる資産

譲渡直前の資産の**帳簿価額が1,000万円以上**である次の資産

- 固定資産（営業権は1,000万円未満のものも含まれる）
- **棚卸資産たる土地等**
- 有価証券（売買目的有価証券を除く）
- 金銭債権
- 繰延資産

b．注意点

- 譲渡には非適格合併による移転を含む
- 棚卸資産（土地等を除く）については対象外
- 対象資産が減価償却資産の場合には、毎年の減価償却費分の損益を実現させる

② 寄附の取扱い

100％グループ内の内国法人間の寄附は、**支出法人**において**全額損金不算入**、受領法人においても**全額益金不算入**となる。ただし、法人による完全支配関係に限り適用されるため、個人による完全支配関係の場合には、原則どおり、支出法人では一定の限度額を超える金額については損金不算入、受領法人では益金算入となる。

第5章

〔図表5－4〕譲渡取引時の課税の繰延べ

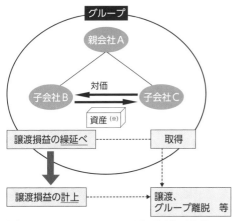

（※）棚卸資産、帳簿価額1,000万円未満の資産等は対象外
資料：財務省ホームページを一部改変

このように、100％グループ内の内国法人間で寄附金の支出があった場合は、グループ全体での所得計算上は寄附がなかったものとされるが、実際の現金等の資産は支出法人から受領法人に移転しているため、それぞれの法人の株主はその有する株式の価値に変動が生じたものとして税務上の帳簿価額を修正する（支出法人側の株式は減額、受領法人側の株式は増額）。

③ 現物分配

100％グループ内の内国法人間の現物分配（みなし配当を含む）は、**帳簿価額により譲渡をしたものとされ、現物分配等した資産の譲渡損益の計上が繰り延べられる**。なお、この場合、源泉徴収等は行われない。

④ 受取配当の益金不算入制度における負債利子控除

100％グループ内の内国法人からの受取配当については**全額益金不算入**となり、その際には**負債利子控除を適用しない**。

⑤ 中小法人向け特例措置の取扱い

資本金の額または出資金の額が1億円以下の法人にかかる次の制度については、**資本金の額もしくは出資金の額が5億円以上である法人による完全支配関係がある法人**または相互会社等については、適用しない。

 a．中小法人の法人税率（軽減税率）の特例

 b．特定同族会社の特別税率（留保金課税）の不適用

 c．貸倒引当金の法定繰入率の適用

 d．交際費等の損金不算入制度における定額控除制度

 e．欠損金の繰戻しによる還付制度

 f．欠損金の繰越控除の制限の不適用（2012年4月1日以後に開始する事業年度）

 g．貸倒引当金の損金不算入（2012年4月1日以後に開始する事業年度）

なお、100％グループ内の複数の大法人（資本金の額もしくは出資金の額が5億円以上の法人または相互会社等）に**発行済株式等の全部を保有されている法人**等についても、中小法人に対する上記特例措置を**適用することができない**。

（2）資本に関する取引等に係る税制

① 100％グループ内の内国法人の株式を発行法人に対して譲渡（金庫株譲渡）する場合の株式の譲渡損益の不計上

100％グループ内の内国法人の株式を発行法人に対して譲渡して金銭等の交付を受けた場合（金庫株譲渡）、その譲渡損益を計上しない。この譲渡損益に相当する額は、資本金

等の額の加減算により処理する。

② みなし配当の益金不算入規定の不適用措置

自己株式として取得されることを予定されている株式が、自己株式として取得された際に生じるみなし配当については、益金不算入規定を適用しない。たとえば、上場会社等が自己株式の公開買付けを行う場合における公開買付期間中に、法人が取得した当該上場会社等の株式がこれに該当する。

③ 適格合併等の場合における、欠損金の制限措置の見直し

適格合併があった場合、原則として被合併法人の繰越欠損金は合併法人に引き継がれる。また、共同事業以外の適格合併で、特定支配関係発生日が合併法人の合併事業年度開始の日の5年前の日または設立日のいずれか遅い日から継続的に特定資本関係（特定資本関係とは会社の株式を50％超保有する関係をいう）にある法人との間で合併等を行い、みなし共同事業要件を満たしている場合には、欠損金の制限措置の適用を除外されている。

④ 株式交付制度

「株式交付」とは、株式会社（株式交付親会社）が他の株式会社（株式交付子会社）を子会社とするために、株式交付子会社の株主から株式交付子会社の株式を譲り受け、その対価として株式交付親会社の株式を交付する制度である。株式交換や現物出資と似ているが、株式交換は100％子会社化しかできず、現物出資は検査役の調査や有利発行などの問題があった。そのため、諸外国で多く活用されている株式対価M＆A実現に向けた会社法改正が行われ、株式交付制度が創設された。

法人が会社法の株式交付制度により、その有する株式を譲渡し、株式交付親会社の株式等の交付を受けた場合に、その譲渡した株式の譲渡損益の計上を繰り延べることができる。

適用を受けられるのは、対価として交付を受けた資産の価額のうち株式交付親会社の株式の価額が80％以上である場合に限られる。なお、交付を受けた資産に株式交付親会社の株式以外の資産がある場合、繰り延べられるのは、株式交付親会社の株式に対応する部分の譲渡損益となる。

ただし、外国法人については、その外国法人の日本の恒久的施設において管理する株式に対応して、株式交付親会社の株式の交付を受けた部分に限定して適用される。

また、株式交付後に株式交付親会社が同族会社（非同族の同族会社を除く）に該当する場合が除外されている。

実務上のポイント

- 100%グループ内の内国法人間で一定の資産の移転を行った場合、当該資産がグループ外へ移転する等の一定の事由が生じるまでの期間、譲渡側の法人において譲渡損益の計上が繰り延べられる。
- 100%グループ内の内国法人間の寄附は、支出法人では全額損金不算入、受領法人では全額益金不算入となる。
- 100%グループ内の内国法人間で現物分配を行った場合、帳簿価額により譲渡したものとされ、譲渡損益の計上が繰り延べられる。
- 100%グループ内の内国法人からの受取配当は、負債利子控除をせずに全額益金算入となる。

巻末資料

《2024年度税制改正・新旧対照表》

個人所得課税						
	税目	項目	改正前	改正後		適用時期
1	所得税・個人住民税	定額減税	新設（一時的な措置）	(1)所得税		所得税 2024年分 個人住民税 2024年度分

(1)所得税

減税内容	2024年分の所得税について、居住者の所得税額から特別控除の額を控除する（その者の所得税額を限度）	
所得制限	2024年分の合計所得金額1805万円以下	
特別控除額	本人	3万円
	同一生計配偶者または扶養親族（居住者に限る）	1人につき3万円
実施方法	給与所得者	●2024年6月1日以後最初に支払を受ける給与等の源泉徴収税額から特別控除の額を控除する。 ●6月に控除しきれない金額は7月以降順次控除する。 ●2024年分の年末調整で年税額から特別控除の額を控除する。
	公的年金所得者	●2024年6月1日以後最初に支払を受ける公的年金等の源泉徴収税額から特別控除の額を控除する。 ●6月に控除しきれない金額は8月以降順次控除する。 ●2024年分の確定申告で年税額から特別控除の額を控除する。
	事業所得者等	●第1期分予定納税額（7月）から本人分の特別控除の額（3万円）を控除する。 ●同一生計配偶者または扶養親族分の特別控除の額（1人につき3万円）は予定納税額の減額の承認の申請により控除を受けることができる。 ●第1期分予定納税について、納期を7月1日から9月30日までとする。また、減額の承認申請期限を7月31日とする。 ●2024年分の確定申告で年税額から特別控除の額を控除する。

(2)個人住民税

減税内容	2024年度分の個人住民税について、納税義務者の所得割の額から特別控除の額を控除する（その者の所得割の額を限度）	
所得制限	2024年度分の合計所得金額1805万円以下（従って、2023年分の合計所得金額）	
特別控除額	本人	1万円
	控除対象配偶者または扶養親族（国外居住者を除く）	1人につき1万円
	控除対象配偶者を除く同一生計配偶者（国外居住者を除く）	2025年度分の所得割の額から1万円
実施方法	給与所得者	●2024年6月に給与の支払をする際は特別徴収をしない。 ●特別控除の額を控除した後の個人住民税の額の11分の1の額を2024年7月から2025年5月まで、給与を支給する際に毎月徴収する。
	公的年金所得者	●2024年10月1日以後最初に支払を受ける公的年金等の特別徴収税額から特別控除の額を控除する。 ●10月に控除しきれない金額は12月以降、順次控除する。
	事業所得者等	●第1期分（6月）の納付額から特別控除の額を控除する。 ●第1期分（6月）に控除しきれない金額は第2期分（8月）以降順次控除する。

	税目	項目	改正前	改正後	適用時期
2	所得税	ストックオプション税制の拡充	〈税制適格ストックオプション〉 ①権利行使時 　課税されない（原則は、権利行使時の取得株式の時価と権利行使価格の差額である経済的利益に課税する）。株式譲渡時まで繰り延べる。 ②株式譲渡時 　売却価格−権利行使価格＝譲渡所得金額 〈主な要件〉 ①株式保管委託要件 　非上場段階で権利行使後、証券会社等に保管委託することが必要。 ②権利行使価額の限度額 　1200万円／年 ③発行会社 　ベンチャーキャピタル等から最初に出資を受ける時において、資本金の額5億円未満かつ従業員数900人以下の会社。 ④社外高度人材 　一定の要件を満たした社外高度人材が対象。	〈主な要件〉 ①株式保管委託要件 　新たな株式管理スキームを創設し、発行会社による株式の管理も可能とする。 ②権利行使価額の限度額 　●設立5年未満の会社：2400万円／年 　●設立5年以上20年未満の会社 　　（注）：3600万円／年 　（注）非上場または上場後5年未満の上場企業 ③発行会社 　資本金要件および従業員数要件を廃止する。 ④社外高度人材 　新たに、非上場企業の役員経験者等を追加し、国家資格保有者等に求めていた3年以上の実務経験の要件を撤廃するなど、対象を拡大する。	—
3	所得税	エンジェル税制の拡充	(1)投資段階 ①譲渡所得の特例 　対象企業への投資額全額を、その年の株式譲渡所得金額から控除し、課税の繰延（譲渡時に取得価額の調整あり）。 　※控除対象となる投資額の上限なし ②寄付金控除 　（対象企業への投資額−2000円）を、その年の総所得金額から控除し、課税の繰延（譲渡時に取得価額の調整あり）。 　※控除対象となる投資額の上限は、総所得金額×40%と800万円のいずれか低い方 ③プレシード・シード特例 　対象企業への投資額全額を、その年の株式譲渡所得金額から控除し、非課税（年間20億円までは非課税）。 (2)譲渡段階 ①取得価額の調整 　上記(1)①または②の特例により控除した金額は、株式の取得価額から差し引き株式売却時に課税される（いわゆる課税の繰延）。 　特定株式の取得に要した金額の合計額−上記(1)①または②の特例により控除した金額＝調整後の取得価額 ②譲渡損失 　未上場ベンチャー企業株式の売却により損失が生じたときは、その年の他の株式譲渡益からその損失額を控除可能。さらに控除しきれなかった損失額については、翌年以降3年間にわたって繰越控除が可能。 　※ベンチャー企業が上場しないまま、破産、解散等をして株式の価値がなくなった場合も同様。	●一定の新株予約権の取得金額も対象に加える。 ●信託を通じた投資を対象に加える。 ●株式譲渡益を元手とする再投資期間の延長について、2025年度税制改正において、引き続き検討する（与党税制改正大綱に明記）。	—

	税目	項目	改正前	改正後	適用時期
4	所得税	子育て世帯等に対する住宅ローン控除の拡充	（下記「改正前」表参照）	子育て特例対象個人（本人もしくは配偶者が40歳未満の者または19歳未満の扶養親族を有する者）が認定住宅等の新築等をして2024年中に入居した場合には控除対象借入限度額を上乗せする。（下記「改正後」表参照）	2024年1月1日から12月31日までの居住
5	所得税	子育て世帯等に対する住宅リフォーム税制の新設	2023年12月31日まで適用する。（下記「改正前」表参照）	子育て特例対象個人（本人もしくは配偶者が40歳未満の者または19歳未満の扶養親族を有する者）が行う一定の子育て対応改修工事（注）を対象工事に加える。 工事費用相当額（250万円を限度）の10%を税額控除する。 ※その年分の合計所得金額が2000万円を超える場合は適用しない。 （注）子育て対応改修工事 ①住宅内における子供の事故を防止するための工事 ②対面式キッチンへの交換工事 ③開口部の防犯性を高める工事 ④収納設備を増設する工事 ⑤開口部・界壁・床の防音性を高める工事 ⑥間取り変更工事（一定のものに限る）	2024年4月1日から12月31日までの居住
6		住宅リフォーム税制の延長等	※1 太陽光発電を設置する場合 ※2 最大控除対象限度額は必須工事と併せて1000万円が限度 ※3 耐震改修を除き、合計所得金額が3000万円を超える場合は適用しない	(1)耐震改修をした場合の所得税の特別控除の適用期限を2年（2025年12月31日まで）延長する。 (2)特定の改修工事（バリアフリー改修、省エネ改修、多世帯同居改修、長期優良住宅化改修）をした場合の所得税の特別控除について、合計所得金額要件を2000万円以下に引き下げた上、適用期限を2年（2025年12月31日まで）延長する。	2024年1月1日から2025年12月31日まで
7	所得税・個人住民税	居住用財産の買換え等の場合の譲渡所得の課税の特例の延長	個人が所有期間10年超で譲渡資産の譲渡対価が1億円以下など、一定の要件に該当する居住用財産を譲渡し、一定の要件に該当する居住用財産に買い換えた場合に譲渡益を繰り延べる。 適用期限：2023年12月31日までの譲渡について適用する。	適用期限を2年（2025年12月31日まで）延長する。	2025年12月31日までの譲渡

項目4 改正前（借入限度額等）

借入限度額		居住年 2024年	居住年 2025年
新築・買取再販	認定住宅	4500万円	4500万円
	ZEH水準省エネ住宅	3500万円	3500万円
	省エネ基準適合住宅	3000万円	3000万円
	その他の住宅	0円（2023年までの建築確認（新築）は2000万円）	
既存住宅	認定住宅 ZEH水準省エネ住宅 省エネ基準適合住宅	3000万円	
	その他の住宅	2000万円	
控除率		0.7%	
控除期間	新築・買取再販	13年（2024・2025年入居の「その他の住宅」は10年）	
	既存住宅	10年	
所得要件		合計所得金額2000万円以下	
床面積要件		50㎡以上 合計所得金額1000万円以下は40㎡以上（2023年までの建築確認（新築）に限る）	

項目4 改正後（借入限度額等）

借入限度額		居住年 2024年	居住年 2025年
新築・買取再販	認定住宅	5000万円	4500万円
	ZEH水準省エネ住宅	4500万円	3500万円
	省エネ基準適合住宅	4000万円	3000万円
	その他の住宅	0円（2023年までの建築確認（新築）は2000万円）	
既存住宅	認定住宅 ZEH水準省エネ住宅 省エネ基準適合住宅	3000万円	
	その他の住宅	2000万円	
控除率		0.7%	
控除期間	新築・買取再販	13年（2024・2025年入居の「その他の住宅」は10年）	
	既存住宅	10年	
所得要件		合計所得金額2000万円以下	
床面積要件		50㎡以上 合計所得金額1000万円以下は40㎡以上（2024年までの建築確認（新築）に限る）	

項目5 改正前（住宅リフォーム税制）

必須工事 対象工事	必須工事 限度額対象	必須工事 控除率	その他工事 対象工事	その他工事 限度額対象	その他工事 控除率	最大控除額
耐震	250万円	10%	必須工事に係る標準的な工事費用相当額と同額まで※2	必須工事の控除対象限度額超過分および必須工事以外の改修工事	5%	82.5万円
バリアフリー	200万円					60万円
省エネ	250万円（350万円※1）					82.5万円（67.5万円※1）
多世帯同居	250万円					82.5万円
長期優良住宅化 耐震or耐久性向上＋省エネ	250万円（350万円※1）					82.5万円（67.5万円※1）
長期優良住宅化 耐震＋省エネ＋耐久性向上	500万円（600万円※1）					75万円（80万円※1）

	税目	項目	改正前	改正後	適用時期
8	所得税・個人住民税	居住用財産の買換え等の場合の譲渡損失の繰越控除等の延長	(1)居住用財産の買換え等の場合の譲渡損失の損益通算および繰越控除制度 　個人が所有期間5年超など一定の要件に該当する居住用財産を譲渡し、一定の要件に該当する居住用財産に買い換えた場合は譲渡損を損益通算および繰越控除できる。 　適用期限：2023年12月31日までの譲渡について適用する。 (2)特定居住用財産の譲渡損失の損益通算および繰越控除制度 　個人が所有期間5年超など一定の要件に該当する居住用財産を譲渡した場合は譲渡損（一定の限度額まで）を損益通算および繰越控除できる。 　適用期限：2023年12月31日までの譲渡について適用する。	(1)居住用財産の買換え等の場合の譲渡損失の損益通算および繰越控除制度 　適用期限を2年（2025年12月31日まで）延長する。 (2)特定居住用財産の譲渡損失の損益通算および繰越控除制度 　適用期限を2年（2025年12月31日まで）延長する。	2025年12月31日までの譲渡
9		認定住宅等の新築等に係る所得税額の特別控除の延長等	2023年12月31日までに居住の用に供した場合について適用する。 （表参照） ※合計所得金額が3000万円を超える場合は適用しない	合計所得金額要件を2000万円以下に引き下げた上、適用期限を2年（2025年12月31日まで）延長する。	2024年1月1日から2025年12月31日までの居住
10	所得税	政治活動に関する寄付をした場合の寄付金控除（所得控除）または所得税の特別控除（税額控除）制度の延長	2024年12月31日までの期間において支出した政治活動に関する寄付金で一定のものについては、寄付金控除（所得控除）または所得税の特別控除（税額控除）の選択適用とする。	適用期限を5年（2029年12月31日まで）延長する。	2029年12月31日まで
11		法定調書の光ディスク等による提出義務基準の引き下げ	基準年（前々年）の提出枚数が100枚以上である法定調書については、光ディスク等またはe-Taxにより提出しなければならない。	提出義務基準を30枚以上に引き下げる。	2027年1月1日以後に提出すべき法定調書
12	国民健康保険税	国民健康保険税の見直し	(1)基礎課税額に係る課税限度額：65万円 (2)後期高齢者支援金等課税額に係る課税限度額：22万円 (3)介護納付金課税額に係る課税限度額：17万円 (4)減額の対象となる所得基準 ①5割軽減の対象となる世帯の軽減判定所得算定：被保険者の数×29万円 ②2割軽減の対象となる世帯の軽減判定所得算定：被保険者の数×53.5万円	(1)基礎課税額に係る課税限度額：65万円（改正なし） (2)後期高齢者支援金等課税額に係る課税限度額：24万円 (3)介護納付金課税額に係る課税限度額：17万円（改正なし） (4)減額の対象となる所得基準 ①5割軽減の対象となる世帯の軽減判定所得算定：被保険者の数×29.5万円 ②2割軽減の対象となる世帯の軽減判定所得算定：被保険者の数×54.5万円	ー

行9の表：

居住年	対象住宅	控除対象限度額	控除率
2022年1月～2023年12月	●認定住宅 ●ZEH水準省エネ住宅	650万円	10%

資産課税

	税目	項目	改正前	改正後	適用時期
1	固定資産税	土地に係る固定資産税の負担調整措置等の延長	(1)2021年度から2023年度までの負担調整措置 　負担水準＝前年度課税標準額÷本年度評価額 （住宅用地特例1／6、1／3） **負担水準 / 課税標準額（商業地等）** 70%超：本年度評価額×70% 60%以上70%以下：前年度課税標準額と同額 60%未満：前年度課税標準額＋本年度評価額×5%　※1 上限：本年度評価額×60%　※2 下限：本年度評価額×20% **住宅用地** 100%以上：本年度評価額×100% 100%未満：前年度課税標準額＋本年度評価額×住宅用地特例（1／6、1／3）×5%　※1 下限：本年度評価額×住宅用地特例（1／6、1／3）×20% (2)2021年度から2023年度までの条例による減額制度 **商業地等**：課税標準額を評価額の70%まで引き下げる措置を地方公共団体の条例により、さらに60～70%の範囲で引き下げることができる。 **住宅用地、商業地等**：地方公共団体の条例の定めるところにより、前年度税額（前年度に条例減額制度が適用されている場合は、減額後の金額）に1.1以上で条例の定める割合を乗じて得た額を超える場合は、その超える額に相当する額を減額することができる。 (3)簡易な方法による価格の下落修正に関する特例措置 　2022年度および2023年度の据置年度において地価が下落している場合に、簡易な方法により価格の下落修正ができる特例措置。	(1)2024年度から2026年度までの負担調整措置を継続する。 (2)2024年度から2026年度まで減額制度を継続する。 (3)2025年度および2026年度も特例措置を継続する。	2026年度まで
2	贈与税	住宅取得等資金に係る贈与税の非課税措置の延長等	適用期限：2023年12月31日までの贈与について適用する。 (1)非課税限度額 　省エネ等住宅：1000万円 　上記以外の住宅：500万円 (2)省エネ等住宅 　次のいずれかに該当すること。 断熱性能等級4以上または一次エネルギー消費量等級4以上 耐震等級2以上または免震建築物 高齢者等配慮対策等級3以上	下記の見直しを行った上、適用期限を3年（2026年12月31日まで）延長する。 (2)省エネ等住宅 　次のいずれかに該当すること。 断熱性能等級5以上かつ一次エネルギー消費量等級6以上 耐震等級2以上または免震建築物（改正なし） 高齢者等配慮対策等級3以上（改正なし）	2024年1月1日以後の贈与
3	贈与税	住宅取得等資金に係る相続時精算課税制度の特例の延長	特定の贈与者（親）の年齢要件をなしとする特例 　適用期限：2023年12月31日までの贈与について適用する。	適用期限を3年（2026年12月31日まで）延長する。	2026年12月31日まで
4	相続税・贈与税	個人事業用資産に係る相続税・贈与税の納税猶予制度の見直し	(1)概要 　相続人等（受贈者）が、2019年1月1日から2028年12月31日までの間に、相続（贈与）により特定事業用資産を取得した場合は、担保の提供を条件に、その相続人等（受贈者）が納付すべき相続税額（贈与税額）のうち、相続（贈与）により取得した特定事業用資産の課税価格に対応する相続税（贈与税）の納税を猶予する。		2026年3月31日まで

	税目	項目	改正前	改正後	適用時期
4	相続税・贈与税	贈与税の納税猶予制度に係る相続税・贈与税の納税猶予制度の見直し（個人事業用資産に係る相続税・贈与税の納税猶予制度の見直し）	(2)個人事業承継計画の提出 　認定経営革新等支援機関の指導および助言を受けて作成された特定事業用資産の承継前後の経営見通し等が記載された計画を、2019年4月1日から2024年3月31日までの間に都道府県に提出すること。	個人事業承継計画の提出期限を2年（2026年3月31日まで）延長する。	2026年3月31日まで
5		非上場株式等に係る相続税・贈与税の納税猶予の特例制度に係る相続税・贈与税の納税猶予の特例制度の見直し	(1)概要 　相続人等（受贈者）が、2018年1月1日から2027年12月31日までの間に、相続（贈与）により特例認定承継会社の株式を取得した場合は、担保の提供を条件に、その相続人等（受贈者）が納付すべき相続税額（贈与税額）のうち、相続（贈与）により取得した特例認定承継会社の株式の課税価格に対応する相続税（贈与税）の納税を猶予する。 (2)特例承継計画の提出 　認定経営革新等支援機関の指導および助言を受けて作成された特例認定承継会社の後継者、承継時までの経営見通し等が記載された計画を、2018年4月1日から2024年3月31日までの間に都道府県に提出すること。	特例承継計画の提出期限を2年（2026年3月31日まで）延長する。	2026年3月31日まで
6	登録免許税	登録免許税の軽減措置の延長	(1)住宅用家屋の所有権保存登記等に対する軽減措置 　①所有権の保存登記：0.15%（本則税率0.4%） 　②所有権の移転登記：0.3%（本則税率2.0%） 　③抵当権の設定登記：0.1%（本則税率0.4%） (2)特定認定長期優良住宅の所有権の保存登記等に対する軽減措置 　①所有権の保存登記：0.1%（本則税率0.4%） 　②所有権の移転登記：戸建て0.2%、マンション0.1%（本則税率2.0%） (3)認定低炭素住宅の所有権の保存登記等に対する軽減措置 　①所有権の保存登記：0.1%（本則税率0.4%） 　②所有権の移転登記：0.1%（本則税率2.0%） (4)特定の増改築等がされた住宅用家屋の所有権の移転登記に対する軽減措置 　0.1%（本則税率2.0%） (5)適用期限：全て2024年3月31日まで適用する。	全て適用期限を3年（2027年3月31日まで）延長する。	2027年3月31日まで
7	印紙税	印紙税の税率の特例措置の延長（不動産の譲渡に関する契約書等に係る印紙税の税率の特例措置の延長）	2024年3月31日までの間に作成される不動産の譲渡に関する契約書および建設工事の請負に係る契約書に係る税率を以下のとおり軽減する。	適用期限を3年（2027年3月31日まで）延長する。	2027年3月31日まで

不動産の譲渡に関する契約書等に係る税率表：

契約金額		本則	特例
不動産譲渡	建設工事の請負		
1万円以上10万円以下	1万円以上100万円以下	200円	200円
10万円超50万円以下	100万円超200万円以下	400円	200円
50万円超100万円以下	200万円超300万円以下	1000円	500円
100万円超500万円以下	300万円超500万円以下	2000円	1000円
500万円超	1000万円以下	1万円	5000円
1000万円超	5000万円以下	2万円	1万円
5000万円超	1億円以下	6万円	3万円
1億円超	5億円以下	10万円	6万円
5億円超	10億円以下	20万円	16万円
10億円超	50億円以下	40万円	32万円
50億円超		60万円	48万円

	税目	項目	改正前	改正後	適用時期
8	固定資産税	固定資産税の減額措置の延長	(1)新築住宅に係る減額措置（2分の1） 　3年度分（中高層耐火建築物（地上階数3以上のもの）は5年度分） (2)新築の認定長期優良住宅に係る減額措置（2分の1） 　5年度分（中高層耐火建築物（地上階数3以上のもの）は7年度分） (3)耐震改修を行った住宅に係る減額措置（2分の1） (4)バリアフリー改修を行った住宅に係る減額措置（3分の1） (5)省エネ改修を行った住宅に係る減額措置（3分の1） (6)適用期限：全て2024年3月31日までの新築または改修工事されたもの。	全て適用期限を2年（2026年3月31日まで）延長する。	2026年3月31日まで
9	不動産取得税	不動産取得税に関する特例措置の延長	(1)宅地評価土地の取得に係る課税標準の特例措置 　宅地評価土地の取得に係る不動産取得税の課税標準を価格の2分の1とする。 (2)標準税率の特例措置 　住宅（家屋）および土地の取得に係る不動産取得税の標準税率（本則4％）を3％とする。 (3)新築住宅特例適用住宅用土地に係る減額措置 　土地取得後の住宅新築までの経過年数要件を緩和（原則2年以内から3年以内（一定の場合は4年以内））する特例措置 (4)新築の認定長期優良住宅に係る課税標準の特例措置 　課税標準からの控除額を一般住宅特例より拡大し、1300万円とする。 (5)適用期限：全て2024年3月31日までに取得したもの。	左記(1)と(2)の適用期限を3年（2027年3月31日まで）延長する。 左記(3)と(4)の適用期限を2年（2026年3月31日まで）延長する。	(1)(2)は2027年3月31日まで (3)(4)は2026年3月31日まで

法人課税

	税目	項目	改正前	改正後	適用時期
1	法人税・所得税	給与等の支給額が増加した場合の税額控除制度の見直し（所得税も同様）	(1)大企業 (2)中堅企業（新設）	(1)大企業(注1) (2)中堅企業(注2)	2024年4月1日から2027年3月31日までに開始する事業年度

(1)大企業（改正前）

継続雇用者給与等支給額（前年度比）	税額控除率	教育訓練費（前年度比）+20％	最大控除率
＋3％	15％	5％	20％
＋4％	25％		30％
－	－		－
－	－		－

(1)大企業(注1)（改正後）

継続雇用者(注4)給与等支給額（前年度比）	税額控除率	教育訓練費(注7)（前年度比）	税額控除率	子育て支援・女性活躍	税額控除率	最大控除率
＋3％	10％	＋10％	5％上乗せ	プラチナくるみん(注8)orプラチナえるぼし(注10)	5％上乗せ	20％
＋4％	15％					25％
＋5％	20％					30％
＋7％	25％					35％

(2)中堅企業(注2)（改正後）

継続雇用者(注4)給与等支給額（前年度比）	税額控除率	教育訓練費(注7)（前年度比）	税額控除率	子育て支援・女性活躍	税額控除率	最大控除率
＋3％	10％	＋10％	5％上乗せ	プラチナくるみん(注9)orえるぼし3段階以上(注10)	5％上乗せ	20％
＋4％	25％					35％

	税目	項目	改正前	改正後	適用時期
1	法人税・所得税	給与等の支給額が増加した場合の税額控除制度の見直し（所得税も同様）	(3)中小企業	(3)中小企業(注3)	2024年4月1日から2027年3月31日までに開始する事業年度

改正前 (3)中小企業

全雇用者給与等支給額（前年度比）	税額控除率	教育訓練費（前年度比）+10%	最大控除率
+1.5%	15%	+10%	25%
+2.5%	30%		40%

改正後 (3)中小企業(注3)

全雇用者(注5)給与等支給額(注6)（前年度比）	税額控除率(注6)	教育訓練費(注7)（前年度比）	税額控除率	子育て支援・女性活躍	税額控除率	最大控除率
+1.5%	15%	+5%	10%上乗せ	くるみん(注9) or えるぼし2段階以上(注10)	5%上乗せ	30%
+2.5%	30%					45%

※中小企業は、賃上げを実施した年度に控除しきれなかった金額を5年間繰越しできる(注8)

(注1)「資本金の額等10億円以上かつ従業員数1000人以上」または「従業員数2000人超」のいずれかに当てはまる企業は、マルチステークホルダー方針（賃上げ、教育訓練の実施、取引先との適切な関係の構築等の方針を記載したもの）の公表およびその旨の届出を行うことが必要。それ以外の企業は不要。

(注2)従業員数2000人以下の企業（その法人およびその法人との間にその法人による支配関係がある法人の従業員数の合計が1万人を超えるものを除く）が適用できる。ただし、資本金の額等10億円以上かつ従業員数1000人以上の企業はマルチステークホルダー方針の公表およびその旨の届出を行うことが必要。

(注3)中小企業者等（資本金の額等1億円以下の法人、農業協同組合等）または従業員数1000人以下の個人事業主が適用できる。

(注4)継続雇用者とは、適用事業年度および前事業年度の全月分の給与等の支給を受けた国内雇用者（雇用保険の一般被保険者に限る）。

(注5)全雇用者とは、雇用保険の一般被保険者に限られない全ての国内雇用者。

(注6)税額控除額の計算は、全雇用者の前事業年度から適用事業年度の給与等支給増加額に税額控除率を乗じて計算。ただし、控除上限額は法人税額等の20%。

(注7)教育訓練費の上乗せ要件は、適用事業年度の教育訓練費の額が適用事業年度の全雇用者に対する給与等支給額の0.05%以上である場合に限り、適用できる。

(注8)繰越税額控除をする事業年度において、全雇用者の給与等支給額が前年度より増加している場合に限りできる。

(注9)次世代育成支援対策推進法に基づき、一般事業主行動計画を策定した企業のうち、計画に定めた目標を達成し、一定の基準を満たした企業は、申請を行うことによって「子育てサポート企業」として、厚生労働大臣の認定（くるみん認定）を受けることができる。

(注10)女性活躍推進法に基づき、一般事業主行動計画の策定・届出を行った事業主のうち、女性の活躍推進に関する取り組みの実施状況が優良である等の一定の要件を満たした事業主は、申請により厚生労働大臣の認定（えるぼし認定）を受けることができる。

改正前 (4)適用期限：2024年3月31日までに開始する事業年度。

改正後 (4)適用期限：2024年4月1日から2027年3月31日までに開始する事業年度。

	税目	項目	改正前	改正後	適用時期
2	法人税・所得税（所得税も同様）	特定税額控除規定の不適用措置の延長等	収益が拡大しているにもかかわらず、賃上げや国内設備投資に消極的な大企業（下記①から③の全てを満たす大企業）について、特定税額控除(注)の規定を適用しないこととする。 ①所得金額：対前年度比で増加 ②継続雇用者の給与等支給額 ・大企業（下記以外）：対前年度以下 ・大企業（資本金の額が10億円以上、かつ、常時使用従業員数が1000人以上で、前年度が黒字の場合）：対前年度増加率1%未満	次の見直しを行った上、適用期限を3年（2027年3月31日まで）延長する。 ①所得金額：対前年度比で増加（改正なし） ②継続雇用者の給与等支給額 ・大企業（下記以外）：対前年度以下（改正なし） ・大企業（資本金の額等が10億円以上、かつ、常時使用従業員数が1000人以上で、前年度が黒字の場合）：対前年度増加率1%未満（改正なし） ・大企業（常時使用従業員数が2000人以上で、前年度が黒字の場合）：対前年度増加率1%未満	2024年4月1日から2027年3月31日までに開始する事業年度

	税目	項目	改正前	改正後	適用時期
2	法人税・所得税	特定税額控除規定の不適用措置の延長等（所得税も同様）	③国内設備投資額 当期の減価償却費の30％以下 （注）特定税額控除 　研究開発税制、地域未来投資促進税制、5G導入促進税制、DX投資促進税制、カーボンニュートラル投資促進税制 　適用期限：2024年3月31日までに開始する事業年度。	③国内設備投資額 ● 当期の減価償却費の30％以下（改正なし） ● 大企業（資本金の額等が10億円以上で、かつ、常時使用従業員数が1000人以上または常時使用従業員数が2000人以上で、前年度が黒字の場合）：当期の減価償却費の40％以下 　適用期限：2024年4月1日から2027年3月31日までに開始する事業年度	2024年4月1日から2027年3月31日までに開始する事業年度
3	法人税	戦略分野国内生産促進税制の創設	新設	産業競争力基盤強化商品（仮称）※を対象として生産・販売量に応じた減税を行う措置を創設する。 ※産業競争力基盤強化商品（仮称）とは、半導体、電動車、鉄鋼（グリーンスチール）、基礎化学品（グリーンケミカル）、航空機燃料（SAF）をいう ⑴適用対象者および要件 　①青色申告書を提出する法人 　②産業競争力強化法の一定の要件を満たす認定事業適応事業者 　③産業競争力基盤強化商品生産用資産（仮称）の取得等をし、国内にある事業の用に供すること ⑵対象期間 　産業競争力強化法の事業適応計画の認定※の日以後10年以内の日を含む各事業年度 　※産業競争力強化法の改正法の施行日から2027年3月31日までの間に産業競争力強化法の事業適応計画の認定を受ける必要がある。 ⑶税額控除額 　①と②のうちいずれか少ない金額 　①産業競争力基盤強化商品生産用資産（仮称）により生産された産業競争力基盤強化商品（仮称）のうちその事業年度の対象期間において販売されたものの数量等に応じた金額 　②産業競争力基盤強化商品生産用資産（仮称）の取得価額を基礎とした金額（既に本制度の税額控除の対象となった金額を除く） （注1）デジタルトランスフォーメーション投資促進税制の控除税額およびカーボンニュートラルに向けた投資促進税制の税額控除との合計で当期の法人税額の40％（半導体生産用資産にあっては20％）を上限とし、控除限度額超過額は4年間（半導体生産用資産にあっては3年間）の繰越しができる。 （注2）次のイからハの要件全てに該当する場合、当該年度について税額控除を適用しない（繰越控除を除く）。 　イ　所得金額：対前年度比増加 　ロ　継続雇用者給与等支給総額：対前年度増加率1％未満 　ハ　国内設備投資額：当期の減価償却費の40％以下	産業競争力強化法の事業適応計画の認定の日以後10年以内の日を含む各事業年度
4		イノベーションボックス税制の創設	新設	国内で自ら研究開発した知的財産権から生じる所得に対して優遇する税制を創設する。 ⑴適用対象者および要件 　①青色申告書を提出する法人 　②2025年4月1日から2032年3月31日までの間に開始する各事業年度において特許権譲渡等取引を行うこと ⑵損金算入額 　次の①と②のうちいずれか少ない金額の30％に相当する金額を損金算入することができる。 　①対象所得：特許権譲渡等取引ごとに、次の算式で計算した金額を合計した金額	2025年4月1日から2032年3月31日までの間に開始する各事業年度

	税目	項目	改正前	改正後	適用時期
4	法人税	イノベーションボックス税制の創設		(イ) 特許権譲渡等取引に係る所得の金額 × [(ハ) (ロ) の金額に含まれる適格研究開発費の額の合計額 / (ロ) 当期および前期以前（2025年4月1日以後に開始する事業年度に限る）のその特許権譲渡等取引に係る特定特許権等に直接関連する研究開発に係る金額の合計額] ② 当期の所得金額	2025年4月1日から2032年3月31日までの間に開始する各事業年度
5	法人税・所得税	研究開発税制の税額控除制度の見直し（所得税も同様）	〈研究開発税制の概要〉 (1)対象となる試験研究費 ①製品の製造または技術の改良、考案もしくは発明に係る試験研究のために要する費用で一定のもの ②新サービス研究として行われる場合のその試験研究のために要する一定の費用 (2)税額控除 税額控除額＝①総額型（一般試験研究費）※＋②オープンイノベーション型 ※総額型（一般試験研究費） 税額控除率：試験研究費の増減に応じ1～14%（中小法人12～17%）	(1)対象となる試験研究費 試験研究費の額から、内国法人の国外事業所等を通じて行う事業に係る試験研究費の額を除外する。 (2)税額控除 一般試験研究費の額に係る税額控除制度について、2026年4月1日以後に開始する事業年度で増減試験研究費割合がゼロに満たない事業年度につき、税額控除率を次のとおり見直す（段階的に逓減させる）とともに、税額控除率の下限（現行1%）を撤廃する。 イ 2026年4月1日から2029年3月31日までの間に開始する事業年度 8.5%＋増減試験研究費割合×30分の8.5 ロ 2029年4月1日から2031年3月31日までの間に開始する事業年度 8.5%＋増減試験研究費割合×27.5分の8.5 ハ 2031年4月1日以後に開始する事業年度 8.5%＋増減試験研究費割合×25分の8.5	—
6		第三者保有の暗号資産の期末時価評価課税に係る見直し	内国法人が有する暗号資産（一定の自己発行の暗号資産を除く）のうち活発な市場が存在するものについては期末に時価評価し、評価損益は課税の対象とされている。	法人が有する暗号資産で、次の要件を満たす暗号資産は、期末時価評価課税の対象外（原価法と時価法の選択）とする。 ①他の者に移転できないようにする技術的措置がとられていること等その暗号資産の譲渡についての一定の制限が付されていること。 ②上記①の制限が付されていることを認定資金決済事業者協会において公表させるため、その暗号資産を有する者等が上記①の制限が付されている旨の暗号資産交換業者に対する通知をしていること。	—
7	法人税	オープンイノベーション促進税制の延長	事業会社が、2020年4月1日から2024年3月31日までの間に、①一定のベンチャー企業の株式を出資の払込みにより取得または②M&Aによる発行済株式を取得（②は2023年4月1日以後）した場合は、その株式の取得価額の25%相当額の所得控除を認める。	適用期限を2年（2026年3月31日まで）延長する。	2026年3月31日までの株式の取得
8		中小企業事業再編投資損失準備金制度の延長等	(1)M&A実施時 M&Aに関する経営力向上計画の認定を受けた中小企業が、株式譲渡によるM&Aを行う場合に、株式等の取得価額の70%以下の金額を中小企業事業再編投資損失準備金として積立てたときは、当該積立金額を損金算入可能とする。 (2)据置期間（5年間）後 据置期間後の5年間にかけて均等額で準備金を取り崩し、当該取崩金額を益金算入する。 (3)計画の認定期限 2024年3月31日までに事業承継等事前調査に関する事項が記載され中小企業等経営強化法に基づく経営力向上計画の認定を受けたもの。	中堅・中小企業が、複数の中小企業を子会社化し、グループ一体となって成長していくことを後押しするため、複数回のM&Aを実施する場合には、積立率を現行制度の70%から、2回目には90%、3回目以降は100%に拡充し、据置期間を現行制度の5年から10年に延長する措置を加える。この措置は、産業競争力強化法の改正法の施行日から2027年3月31日までの間に産業競争力強化法の特別事業再編計画（仮称）の認定を受ける必要がある。 現行制度の計画の認定期限を3年（2027年3月31日まで）延長する。	2027年3月31日までの計画認定

	税目	項目	改正前	改正後	適用時期
9	法人税	交際費等の損金不算入制度の延長等	(1)交際費等の範囲から除外 　1人当たり5000円以下の飲食費（社内飲食費を除く）で一定の要件を満たすもの。 (2)中小法人 　次の①と②いずれかの選択適用 　①交際費等の額のうち、800万円以下を全額損金算入 　②交際費等の額のうち、接待飲食費の50%を損金算入(注) (3)中小法人以外 　①交際費等の額のうち、接待飲食費の50%を損金算入(注) 　②その他の交際費等は全額損金不算入 (注)　接待飲食費に係る損金算入の特例は、資本金の額等が100億円超の法人を除くする。 (4)適用期限：上記(2)と(3)は2024年3月31日までに開始する事業年度。	(1)交際費等の範囲から除外 　1人当たり10000円以下の飲食費（社内飲食費を除く）で一定の要件を満たすもの。 左記(2)と(3)の適用期限を3年（2027年3月31日まで）延長する。	(1)は2024年4月1日以後に支出する飲食費から (2)(3)は2027年3月31日までに開始する事業年度
10	法人事業税	外形標準課税の見直し	〈外形標準課税の概要〉 (1)対象法人 　資本の金額または出資金額が1億円を超える法人（公共法人等、特別法人、人格のない社団等、みなし課税法人、投資法人、特定目的会社、一般社団法人および一般財団法人を除く）。 (2)課税標準 　対象法人に対し、所得割、付加価値割および資本割の合計額に対し法人事業税を課す。それぞれの課税標準は次のとおり。 　イ　所得割：各事業年度の所得 　ロ　付加価値割：各事業年度の収益配分額※±単年度損益 　　※収益配分額＝報酬給与額＋純支払利子＋純支払賃借料 　ハ　資本割：各事業年度終了の日における資本等の額	(1)減資への対応 　①外形標準課税の対象法人について、改正前の基準（資本金1億円超）を維持する。 　②ただし、当分の間、前事業年度に外形標準課税の対象であった法人であって、当該事業年度に資本金1億円以下で、資本金と資本剰余金の合計額が10億円を超えるものは、外形標準課税の対象とする。 　③公布日前に外形標準課税の対象であった法人が、「駆け込み」で施行日以後最初に開始する事業年度の前事業年度の末日までの間に資本金1億円以下となった場合であって、施行日以後最初に開始する事業年度の末日に資本金と資本剰余金の合計額が10億円を超える場合は、外形標準課税の対象とする等の所要の措置を講ずる。 　④2025年4月1日に施行し、同日以後に開始する事業年度から適用する。 (2)100%子会社等への対応 　①資本金と資本剰余金の合計額が50億円を超える法人(注1)または相互会社・外国相互会社（以下「特定法人」という）の100%子法人等(注2)のうち、当該事業年度末日の資本金が1億円以下で、資本金と資本剰余金（公布日以後に、当該100%子法人等がその100%親法人等に対して資本剰余金から配当を行った場合は、当該配当に相当する額を加算した金額）の合計額が2億円を超えるものは、外形標準課税の対象とする。 (注1)　当該法人が非課税または所得割のみで課税される法人等である場合を除く。 (注2) 　●特定法人との間に当該特定法人による法人税法に規定する完全支配関係がある法人 　●100%グループ内の複数の特定法人に発行済株式等の全部を保有されている法人 　②産業競争力強化法の改正法の特別事業再編計画（仮称）に基づいて行われるM&Aにより100%子会社となった法人（当該計画の認定を受けた者が当該計画の認定を受ける前5年以内に買収した法人を含む）について、5年間、外形標準課税の対象外とする特例措置を設ける。 　③上記改正により、新たに外形標準課税の対象となる法人について、外形標準課税の対象と	(1)は2025年4月1日に施行し、同日以後に開始する事業年度から適用

	税目	項目	改正前	改正後	適用時期
10	法人事業税	外形標準課税の見直し		なったことにより、改正前の課税方式で計算した税額を超えることとなる額を、次のとおり、軽減する措置を講ずる。 ●2026年4月1日から2027年3月31日までの間に開始する事業年度：当該超える額の3分の2を軽減 ●2027年4月1日から2028年3月31日までの間に開始する事業年度：当該超える額の3分の1を軽減 ④2026年4月1日に施行し、同日以後に開始する事業年度から適用する。	(2)は2026年4月1日に施行し、同日以後に開始する事業年度から適用
11	法人税	中小企業者等以外の法人の欠損金の繰戻しによる還付の不適用措置の延長	中小企業者等以外の法人の欠損金の繰戻しによる還付は、解散等の事実が生じている場合を除き、原則として不適用とする。 (注) 対象から銀行等保有株式取得機構の欠損金額を除外する。 適用期限：2024年3月31日までに終了する事業年度。	適用期限を2年（2026年3月31日まで）延長する。	2026年3月31日までに終了する事業年度
12	法人税・所得税	少額減価償却資産の取得価額の損金算入制度の延長等（所得税も同様）	下表の適用が受けられる資産から貸付け（主要な事業として行われるものを除く）の用に供した資産を除く。 （表あり） (注1) 常時使用する従業員の数が500人以下の企業者に限られる。 (注2) 年間合計額300万円に達するまで。	左記の表①の措置について、電子申告義務化対象法人（資本金の額等が1億円超の法人）のうち、常時使用する従業員の数が300人を超えるものを除外した上、その適用期限を2年（2026年3月31日まで）延長する。 所得税は適用期限のみ2年（2026年3月31日まで）延長する。	取得価額30万円未満の全額損金算入制度は2026年3月31日までに取得した資産

項目12改正前の表：

	対象者	取得価額	償却方法	適用期限
①	中小企業者等(注1)	30万円未満(注2)	全額損金算入	2024年3月31日までに取得した資産
②	全ての企業	20万円未満	3年で均等償却	―
③		10万円未満	全額損金算入	―

消費課税

	税目	項目	改正前	改正後	適用時期
1	消費税	プラットフォーム課税の導入			2025年4月1日以後に行われる電気通信利用役務の提供

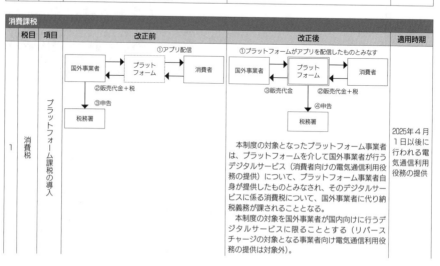

改正前
①アプリ配信
国外事業者 → プラットフォーム → 消費者
②販売代金＋税
③申告
税務署

改正後
①プラットフォームがアプリを配信したものとみなす
国外事業者 → プラットフォーム → 消費者
③販売代金　③販売代金＋税
④申告
税務署

本制度の対象となったプラットフォーム事業者は、プラットフォームを介して国外事業者が行うデジタルサービス（消費者向けの電気通信利用役務の提供）について、プラットフォーム事業者自身が提供したものとみなされ、そのデジタルサービスに係る消費税について、国外事業者に代り納税義務が課されることとなる。

本制度の対象を国外事業者が国内向けに行うデジタルサービスに限ることとする（リバースチャージの対象となる事業者向け電気通信利用役務の提供は対象外）。

	税目	項目	改正前	改正後	適用時期
1		プラットフォーム課税の導入		国外事業者が自身のプラットフォームを介して行うデジタルサービスの取引高が50億円を超えるプラットフォーム事業者を対象とする。	
2	消費税	事業者免税点制度の特例に係る国外事業者の特例の見直し等	(1)事業者免税点制度の特例 特例の対象（課税事業者）となる場合 特定期間の特例：特定期間における国内の課税売上高が1000万円超、かつ、給与（居住者分）の合計額が1000万円超の場合 新設法人の特例：資本金等が1000万円以上の法人である場合（基準期間がない課税期間が対象） 特定新規設立法人の特例：国内の課税売上高が5億円超の法人等が設立した資本金等1000万円未満の法人である場合（基準期間がない課税期間が対象） (2)簡易課税制度 恒久的施設を有しない国外事業者であっても簡易課税制度を適用できる。	(1)事業者免税点制度の特例 特例の対象（課税事業者）となる場合 特定期間の特例：国外事業者については、給与（居住者分）の合計額による判定を除外する 新設法人の特例：外国法人は基準期間を有する場合であっても、国内における事業の開始時の資本金等により本特例の判定をする 特定新規設立法人の特例：全世界における収入金額が50億円超の法人等が資本金等1000万円未満の法人を設立した場合も対象に加える (2)簡易課税制度 恒久的施設を有しない国外事業者については、簡易課税制度の適用を認めないこととする。適格請求書発行事業者となる小規模事業者に対する負担軽減措置（いわゆる2割特例）の適用についても同様とする。	2024年10月1日以後に開始する課税期間
3		高額特定資産を取得した場合等の納税義務の免除の特例の見直し	高額特定資産(注)を取得して仕入税額控除の適用を受けた場合は、その後の2年間、事業者免税点制度および簡易課税制度の適用を受けられないこととする特例が設けられている。 (注) 1の取引単位につきその税抜対価の額が1000万円以上の棚卸資産または調整対象固定資産（建物およびその付属設備、構築物、機械および装置、船舶、航空機、車両および運搬具、工具、器具および備品、鉱業権その他の資産）をいう。	対象となる高額特定資産にその課税期間中に取得した金または白金の地金の合計額が200万円以上である場合を加える。	2024年4月1日以後に国内において事業者が行う課税仕入れ等
4		外国人旅行者向け免税制度に係る仕入税額控除制度の見直し	免税購入された物品と知りながら行った課税仕入れであっても、仕入税額控除制度の適用が可能となっている。	免税購入された物品と知りながら行った課税仕入れについては、仕入税額控除制度の適用を認めないこととする。	2024年4月1日以後に国内において事業者が行う課税仕入れ
5		適格請求書発行事業者以外の者からの仕入れに係る経過措置の見直し	インボイス制度導入後6年間、適格請求書発行事業者以外の者からの課税仕入れについて、一定割合の仕入税額控除を認める。 ①2023年10月1日から2026年9月30日まで：8割控除 ②2026年10月1日から2029年9月30日まで：5割控除	一の適格請求書発行事業者以外の者からの課税仕入れの合計額が、1年間で10億円を超える場合には、その超えた部分の課税仕入れについて、インボイス制度導入に伴う8割控除・5割控除の経過措置の適用を認めないこととする。	2024年10月1日以後に開始する課税期間
6		消費税に係る帳簿の記載事項の見直し等	(1)仕入税額控除に係る帳簿の記載事項 一定の取引については帳簿に①課税仕入れの相手方の住所・所在地と②特例対象である旨の記載をすることで、請求書等の保存がなくても仕入税額控除を可能とする特例が設けられている。	(1)仕入税額控除に係る帳簿の記載事項 本特例の対象となる自動販売機および自動サービス機による課税仕入れならびに使用の際に証票が回収される課税仕入れ（3万円未満のものに限る）については、①の住所・所在地の記載を不要とする。 なお、2023年10月1日以後に行われる上記の課	2023年10月1日以後に行う課税仕入れ

	税目	項目	改正前	改正後	適用時期
6	消費税	消費税に係る帳簿の記載事項の見直し等	(2)簡易課税適用者が税抜経理方式を採用する場合における経理処理方法　免税事業者等の適格請求書発行事業者以外の者からの仕入については、原則、仮払消費税等は生じない。	税仕入れに係る帳簿への住所等の記載については、運用上、記載がなくとも改めて求めないものとする。(2)簡易課税適用者が税抜経理方式を採用する場合における経理処理方法　簡易課税制度を適用する事業者が、税抜経理方式を適用した場合の仮払消費税等として計上する金額につき、継続適用を条件として支払対価の額に110分の10（108分の8）を乗じた金額とすることが認められることを明確化するほか、消費税に係る経理処理方法について所要の見直しを行う。適格請求書発行事業者となる小規模事業者に対する負担軽減措置（いわゆる2割特例）の適用についても同様とする。	2023年10月1日以後に行う課税仕入れ

国際課税

	税目	項目	改正前	改正後	適用時期
1	法人税	グローバル・ミニマム課税の見直し	年間連結総収入金額が7.5億ユーロ（約1200億円）以上の多国籍企業が対象。一定の適用除外を除く所得について各国ごとに最低税率15％以上の課税を確保する仕組み。2024年4月1日以後に開始する対象会計年度から適用する。(1)所得合算ルール（IIR）子会社等の税負担が最低税率15％に至るまで親会社に追加課税。〔日本税務当局→課税→親会社（日本）←子会社等（15％未満の軽課税）（外国）〕〈同一グループ関連企業〉	(1)所得合算ルール（IIR）OECDによるガイダンスや国際的な議論等を踏まえた制度の明確化等の観点から所要の見直しを行う。(2)軽課税所得ルール（UTPR）親会社等の税負担が最低税率15％に至るまで子会社等に追加課税。〔日本税務当局→課税→子会社等（日本）親会社等（15％未満の軽課税）（外国）〕〈同一グループ関連企業〉(3)国内ミニマム課税（QDMTT）自国に所在する企業の税負担が最低税率15％に至るまで自国企業に追加課税。日本でQDMTTが課税された場合、他国IIR・UTPRによる追加課税は行われない。〔日本税務当局→課税→企業（15％未満の軽課税）（日本）企業（外国）〕〈同一グループ関連企業〉	(1)は記載なし (2)(3)は2025年度税制改正以降の法制化を検討

納税環境整備

	税目	項目	改正前	改正後	適用時期
1	国税通則法	隠蔽・仮装された事実に基づき更正の請求書を提出した場合の重加算税制度の整備	隠蔽・仮装に基づき納税申告書を提出したとき等は、重加算税（35％または40％）を賦課することができる。他方、申告後に隠蔽・仮装したところに基づき更正の請求書を提出した場合は、重加算税を賦課することができない（過少申告加算税（原則10％）または無申告加算税（原則15％）が賦課される）。	重加算税の適用対象に隠蔽・仮装したところに基づき更正の請求書を提出した場合を加える。上記の隠蔽・仮装したところに基づき更正の請求書を提出した場合について、延滞税の除算期間が適用されないことを明確化する運用上の対応を行う。	2025年1月1日以後に法定申告期限等が到来する国税

検討事項

	税目	項目	改正前	改正後	適用時期
1	所得税	子育て世帯に対する生命保険料控除の拡充	2012年1月1日以後に締結した契約について、所得税は2012年分から、個人住民税は2013年度分から適用する。 区分 / 控除限度額（所得税・個人住民税） 一般生命保険料控除 4万円 / 2万8000円 介護医療保険料控除 4万円 / 2万8000円 個人年金保険料控除 4万円 / 2万8000円 合計 12万円 / 7万円	(1)所得税 区分 / 控除限度額 一般生命保険料控除 23歳未満の扶養親族あり：6万円 / 23歳未満の扶養親族なし：4万円 介護医療保険料控除 4万円 個人年金保険料控除 4万円 合計 12万円 ※一時払生命保険については、生命保険料控除の適用対象から除外する。 (2)個人住民税 記載なし	2025年度税制改正で結論を得る
2	所得税・個人住民税	扶養控除の縮小	扶養親族の種類 / 所得税 / 個人住民税 一般扶養親族 16歳未満 控除なし 控除なし 一般扶養親族 16～18歳 38万円 33万円 特定扶養親族 19～22歳 63万円 45万円 一般扶養親族 23～69歳 38万円 33万円 老人扶養親族 70歳以上 同居老親以外 48万円 38万円 老人扶養親族 70歳以上 同居老親 58万円 45万円	扶養親族の種類 / 所得税 / 個人住民税 一般扶養親族 16歳未満 控除なし 控除なし 一般扶養親族 16～18歳 25万円 12万円 特定扶養親族 19～22歳 63万円 45万円 一般扶養親族 23～69歳 38万円 33万円 老人扶養親族 70歳以上 同居老親以外 48万円 38万円 老人扶養親族 70歳以上 同居老親 58万円 45万円	2025年度税制改正で結論を得る 所得税2026年分以降 個人住民税2027年度分以降
3		ひとり親控除の拡充	(1)適用要件 ①生計を一にする子（総所得金額等の合計額が48万円以下に限る）を有すること ②合計所得金額500万円以下であること ③住民票の続柄に「夫（未届）」「妻（未届）」の記載がされた者でないこと (2)控除額 所得税 35万円 個人住民税 30万円	(1)適用要件 合計所得金額要件を1000万円以下に引き上げる。 (2)控除額 所得税 38万円 個人住民税 33万円	
4	法人税・所得税・たばこ税	防衛力強化に係る財源確保のための税制措置	〈2023年度税制改正大綱〉 　わが国の防衛力の抜本的な強化を行うに当たり、歳出・歳入両面から安定的な財源を確保する。税制部分については、2027年度に向けて複数年かけて段階的に実施することとし、2027年度において、1兆円強を確保する。具体的には、法人税、所得税およびたばこ税について、以下の措置を講ずる。 (1)法人税 　法人税額に対し税率4～4.5%の新たな付加税を課す。中小法人は課税標準となる法人税額から500万円を控除することとする。 (2)所得税 　所得税額に対し、当分の間、税率1%の新たな付加税を課す。復興特別所得税の税率を1%引き下げる（従って、1.1%となる）とともに、課税期間を延長する。 (3)たばこ税 　3円／1本相当の引上げを段階的に実施する。 (4)実施時期 　2024年以降の適切な時期とする。	たばこ税については、加熱式たばこと紙巻たばことの間で税負担の不公平が生じている。同種・同等のものには同様の負担を求める消費課税の基本的な考え方に沿って税負担差を解消することとし、この課税の適正化による増収を防衛財源に活用する。その上で、国税のたばこ税率を引き上げることとし、課税の適正化による増収と合わせ、3円／1本相当の財源を確保することとする。 　2023年度税制改正大綱および上記の基本的方向性により検討を加え、その結果に基づいて適当な時期に必要な法制上の措置を講ずる趣旨を2024年度の税制改正に関する法律の付則において明らかにするものとする。	2024年度税制改正に関する法律の付則で明らかにする

巻末資料

195

語句索引

memo